INVERSIONES CON IMPACTO FLORIDA

INVERSIONES CON IMPACTO FLORIDA
El ABC de los Bienes Raíces

Claudia Montenegro

SEQUOIA

Inversiones con impacto. El ABC de los Bienes Raíces
Claudia Montenegro Starocelsky

Sobre la presente edición:
© Claudia Montenegro Starocelsky, 2024
© Sequoia Editions

Edición: Odalys Calderín Marín
Diseño de cubierta: Claudia Montenegro Starocelsky
Diseño interior y maquetación: Eduardo Rodríguez Martínez

Todos los derechos reservados.
Queda rigurosamente prohibida, sin autorización escrita de los titulares del copyright,
la reproducción total o parcial de esta obra.

email: publicatulibro@sequoiaeditions.com

@sequoiaeditions

Sequoia Editions

Índice

27 Prólogo

31 Introducción: Tu camino a la inversión exitosa: Transformando retos en oportunidades

35 Capítulo 1.
De la visión a la acción: ¿Cómo invertir inteligentemente y construir tu futuro? ¿Por qué invertir y cómo hacerlo?

45 Capítulo 2.
Construyendo las bases de una inversión exitosa: Comprender el mercado y definir tus objetivos. El terreno y sus secretos

117 Capítulo 3.
Inversiones inteligentes: Descubre los tipos de propiedades que impulsarán tu crecimiento financiero

141 | Capítulo 4.
Compra, vende y administra como un profesional: Los secretos para una inversión exitosa

199 | Capítulo 5.
Financiación sin fronteras: Consigue el capital y la visa perfecta para tus inversiones

231 | Capítulo 6.
Guía legal para el inversionista internacional en Florida: Protege y potencia tu inversión con confianza

249 | Capítulo 7.
Los mitos que sabotean tu inversión: Cómo evitar los errores más comunes

257 | Capítulo 8.
Transforma tu visión en realidad: Conclusión y claves para el éxito inmobiliario

265 | Bibliografía

270 | Tareas

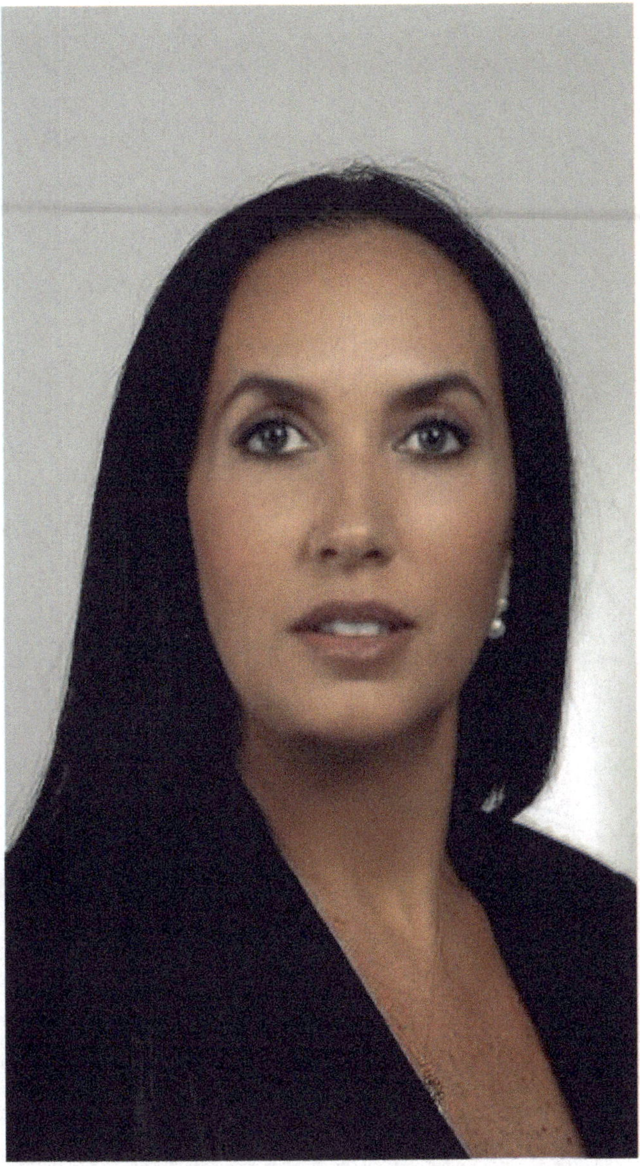

Biografía

Soy Claudia Montenegro Starocelsky. Nací en Chile, un país que me regaló raíces profundas y un corazón lleno de sueños. En el año 2011, emprendí uno de los viajes más significativos de mi vida: llegué a los Estados Unidos junto a mi familia, cargada de ilusiones y con la determinación de conquistar nuevos horizontes.

Desde entonces, he aprendido que la vida, aunque desafiante, tiene una forma especial de recompensar el esfuerzo, la valentía y la reinvención. Este país, que al principio me presentó retos, también me brindó la oportunidad de descubrir mi verdadera esencia. Aprendí que reinventarse no es solo una opción, es una habilidad que perfeccioné con cada experiencia, transformando cada dificultad en una nueva oportunidad.

Como publicista de profesión, siempre he llevado el arte en mi ADN. Durante años, me dediqué a desarrollar productos innovadores y colaboré en el ámbito corporativo de grandes compañías, en las que exploré y me destaqué en diversas áreas. Sin embargo, mi espíritu inquieto y creativo me llevó a descubrir una nueva pasión: el mundo inmobiliario.

Hoy, como agente de Bienes Raíces, ayudo a personas y familias a encontrar, no solo una vivienda, sino un lugar donde puedan construir sus sueños. Me especializo en inversiones internacionales, un campo donde pongo en práctica mi experiencia, creatividad y profundo compromiso para ofrecer a mis clientes soluciones inteligentes y rentables.

La versatilidad ha sido mi mejor aliada. Mi trayectoria es un testimonio de transformación constante, un reflejo de que los sueños pueden evolucionar y materializarse con esfuerzo, dedicación y una visión clara. Creo firmemente que cada desafío es una oportunidad y comparto este aprendizaje con cada persona que cruza mi camino.

Agradecida por el pasado, emocionada por el presente e inspirada por el futuro, sigo caminando con la certeza de que el éxito no es un destino y sí un camino construido con pasión, amor y generosidad. Este es mi legado y mi invitación: creer que, aunque el camino no sea fácil, siempre es posible alcanzar lo que nos proponemos. Los invito a descubrir mi próximo desafío, *Inversiones con Impacto* en el sur de Florida, un libro práctico donde encontrarás información que debes conocer antes de invertir en Bienes Raíces en Florida, USA.

@claudiamontenegro.realtor

claudiamontenegrorealtor

www.linkedin.com/in/claudia-montenegro
(Claudia Montenegro)

@claudia1541971

@ClaudiaMontenegroMiami

Recomendaciones

He participado con Claudia Montenegro en dos caras de la moneda, por un lado como consultor financiero, buscando oportunidades de inversión para mis clientes en La Florida, USA, y por otro en el proceso de venta práctico, en constantes reuniones con inversionistas interesados en diversificar sus recursos en el sur de La Florida.

Debo confirmar que, efectivamente, el desarrollo de esta guía para inversionistas extranjeros es exactamente el proceso que utiliza Claudia Montenegro para explicar el camino exitoso para la inversión en Real Estate en Florida.

Los casos de éxito que hemos logrado han seguido esta misma metodología, siguiendo los pasos desarrollados en este libro, hasta lograr invertir efectivamente.

A través de 8 capítulos y 280 páginas del libro, Claudia avanza explicando el proceso paso a paso, por medio de los cuales se van disipando todas las dudas que tiene un inversionista extranjero, cuyo objetivo es lograr un proceso exitoso para convertirse en un inversionista inmobiliario en USA.

Cada cliente, en las reuniones que hemos asistido, nos ha hecho las mismas preguntas, cuyas respuestas se desarrollan en cada uno de los capítulos del libro.

Siempre que nos han expresado su interés de invertir en USA, expresan diferentes motivos, como por ejemplo: ¿Cómo conservar el capital y llevarlo desde mi país de origen a La Florida? ¿Cómo y porqué mantener este capital en dólares en vez de su moneda natal?, ¿Cómo me defiendo de la inflación?, ¿Cómo ganar la plusvalía necesaria que genera un mercado creciente como el sur de La Florida? y lógicamente la pregunta fundamental ¿En qué Bienes Raíces puedo diversificar mi portafolio y lograr el éxito como inversionista

Mi consejo es no pierdas más el tiempo, utiliza este libro y guía para el inversionista extranjero y aplícalo paso a paso, además está escrito con sobresaliente datos prácticos, optimismo y redactado incorporando cada uno de los temas y tips necesarios, además está basado en la gran experiencia de Claudia Montenegro en esta industria, como realtor certificado, todo para que logres ser un inversionista extranjero exitoso en La Florida, USA.

Sólo queda agradecer a Claudia, el esfuerzo realizado para poner a disposición de toda la

comunidad americana y del mundo su experiencia para hacer más fácil, efectivo y triunfante el Doing Business in Real Estate, Florida USA.

A Claudia, le deseo mucha suerte en este emprendimiento que al final nos beneficia a todos.

Fernando Moro
Fundador de Moro Consultores

Claudia nos abriste las puertas de los secretos para una inversión exitosa justo lo que necesitábamos para nuestra visión futura que pretendíamos hacer realidad.

Nos guiaste de forma exitosa en cada paso: estructurar una empresa desde cero incluyendo créditos hipotecarios, contador, apertura de cuentas bancarias y lograr formalizar nuestra empresa en los Estados Unidos sin ser americanos.

Convertiste realidad nuestro sueño al lograr multipropiedades de inversión y nos acompañaste en cada uno de los pasos, incluso en una oportunidad compramos sin siquiera conocer la propiedad confiando ciegamente en cada propuesta que tú nos ofrecía, siguiendo nuestros gustos.

Nos encantaría de esta manera agradecer Claudia tu visión y organización. Que nos ha permitido elevar nuestras inversiones a lugares que nunca pensamos llegaríamos.

Lo más increíble de todo esto es que nosotros no vivimos en los Estados Unidos.

Y por último dejamos al lector la gran pregunta ¿Quieres seguir el camino del éxito inmobiliario?

Empezaría por leer y comprender su libro. Él los guiará a pensar que cuando das un paso y sales de tu lugar de comodidad se abre una puerta, en la cual tú puedes alcanzar tus sueños inmobiliarios, hasta los más inimaginables, de una manera fácil.

Para nosotros Claudia Montenegro es el signo del éxito comercial.

Muchas gracias
Grubb & Alegría LLC

Dedicatoria

A todos mis clientes, presentes y futuros, que han creído en mí, confiando desde los rincones más diversos del mundo, depositando sus sueños, sus anhelos y su confianza en mis manos.

Este libro, *Inversiones con Impacto*, está dedicado a ustedes, a quienes han decidido emprender un viaje hacia un nuevo hogar, un patrimonio o una inversión que trascienda. Gracias por permitirme ser parte de sus historias, por permitirme guiarlos con profesionalismo, pasión y compromiso, y por recordarme cada día el impacto que puede tener el servir con el corazón.

A todos aquellos que, sin importar la distancia, me han permitido ser su aliada en decisiones tan importantes, gracias por confiar en mi experiencia y en mi dedicación para construir juntos un legado inmobiliario.

Que este libro sea un reflejo de mi compromiso con ustedes, una promesa de soluciones transparentes, personalizadas y diseñadas para transformar cada sueño en realidad.

Con gratitud infinita,
Claudia Montenegro

Agradecimientos

Con profunda gratitud y emoción, quiero dedicar estas palabras a quienes me han acompañado en este viaje transformador. A Dios, quien ha guiado cada paso de mi vida y ha puesto en mi camino la fortaleza para crear este libro. A mi familia, mi pilar y refugio, su amor incondicional y apoyo son el motor que impulsa cada uno de mis logros. Este libro es también para ellos, un legado de mi esfuerzo y mi deseo de dejar huella en el camino.

Mi mentor, Spencer Hoffmann, es un capítulo invaluable de mi historia, un faro de luz y sabiduría que me ha inspirado a reconocer y expandir mi potencial. Gracias, Spencer, por enseñarme a ver más allá de lo evidente, por darme las herramientas para encontrar el equilibrio entre razón y emoción y por mostrarme que el verdadero éxito radica en servir a los demás. Mis amigos, quienes han sido cómplices de sueños, alegrías y aprendizajes han aportado a esta aventura su energía, su lealtad y su amistad sincera. A ellos les agradezco por creer en mí y estar en cada momento de este recorrido.

Este libro es la culminación de una serie de experiencias que la vida me ha regalado, aprendizajes que me han moldeado y empoderado, y que hoy quiero compartir con cada lector. Es mi esperanza que este legado inspire a otros a cumplir sus sueños desde un lugar de claridad y conciencia, para que tomen decisiones fundadas en la razón, guiadas por la emoción.

Este libro ha sido mucho más que un proyecto: es una misión que ahora entrego a otros. Que sea un manual de posibilidades, una guía que invite a la transformación y al despertar de su potencial. Hoy, siento en el alma la certeza de que, a través de este libro, puedo ayudar a otros a alcanzar sus sueños y crear un futuro lleno de propósito y realización.

Gracias a la vida, por darme la oportunidad de ser un puente hacia el éxito de otros.

Me gustaría terminar con unas palabras de Barbara Corcoran que sinteteza magistralmente "Invertir en Bienes Raíces es más que multiplicar tu dinero; es construir una vida, una historia y un legado. No temas apuntar a lo más alto si tu objetivo es grande".

Prólogo

Como alguien que ha tenido el privilegio de caminar junto a Claudia Montenegro en su viaje de transformación y éxito puedo decir con total sinceridad que este libro es el resultado de una experiencia profunda y comprometida con el crecimiento. Claudia no solo ha enfrentado los desafíos de ser una inversionista extranjera en un mercado dinámico como el sur de Florida, sino que ha convertido cada paso en una lección, cada obstáculo en un impulso para ayudar a otros a encontrar su propio camino.

Este libro no es solo una guía para inversiones inteligentes, es un faro para quienes buscan más que solo retorno financiero. Aquí, Claudia comparte estrategias y conocimientos que, además de claridad y enfoque, te darán también la confianza que necesitas para tomar decisiones que construyan un futuro próspero. Ha estado en ambos lados, tanto como inversionista como asesora, y esa doble perspectiva le ha permitido entender lo que realmente se necesita para triunfar en este campo.

Cuando nos enfocamos en conocer y entender los fundamentos, las inversiones dejan de ser una apuesta para convertirse en un arte de tomar decisiones sólidas y conscientes. Claudia ha estructurado este libro para que tú, lector, puedas evitar los errores que muchos cometen y puedas disfrutar de las oportunidades que ofrece este mercado único.

Este libro es una invitación a transformar tu vida y a construir algo que trascienda el presente. Claudia ha creado una guía que, no solo te acompaña en lo práctico, sino que también inspira y potencia tu visión. Es hora de dar un paso audaz, de expandir tus horizontes y construir el futuro que sueñas. Esta es tu oportunidad de dejar una huella y crear un legado. Conoce, crea y transforma con confianza: Claudia y yo estaremos contigo en cada página, en cada paso del camino hacia el éxito.

Spencer Hoffmann
Empresario, autor y conferencista

Introducción

Tu camino a la inversión exitosa: Transformando retos en oportunidades

¿Alguna vez te has sentido abrumado por la idea de invertir en otro país? Créeme, yo también he pasado por eso. Al principio, dar ese primer paso en el mercado inmobiliario de Florida parecía un desafío gigante. Pensaba en todas las cosas que podían salir mal y en los errores que otros habían cometido. Pero ¿sabes qué? con cada pequeño tropiezo, aprendí algo nuevo, y esos errores se convirtieron en el impulso que necesitaba para tomar mejores decisiones.

Recuerdo la primera vez que decidí asesorar a un cliente extranjero. Pensé que tenía todo bajo control, pero rápidamente descubrí que hay cosas que solo aprendes cuando estás en el terreno. ¿Has oído la frase "no hay mejor maestro que la experiencia"? Pues es cierto. Cada paso en falso me enseñó algo valioso sobre este mercado: dónde están las mejores oportunidades, cuáles son las leyes que te protegen como inversionista extranjero, evitando sorpresas costosas y maximizando tus ganancias, conseguir un buen *team* de trabajo, es decir, un buen y confiable agente de Bienes Raíces y muchos otros personajes que finalmente hacen que tu transacción sea exitosa, lección que me sirvió para en el futuro decidir ayudar a los demás a tomar buenas decisiones en el mercado inmobiliario.

Quiero que te sientas seguro y confiado en este camino y sepas que no tienes que ser perfecto para lograr tus metas. Porque sí, el éxito en el mercado inmobiliario de Florida está al alcance ¿Te animas a descubrir cómo puedes transformar esos retos en logros? ¡Vamos juntos a crear un plan sólido para que cada paso en este camino te acerque más a tus metas! En este libro encontrarás las bases para tu mejor elección.

Comenzamos nuestro viaje entendiendo el por qué y el cómo. Si estás aquí, es porque sientes la curiosidad y la motivación de explorar uno de los mercados más vibrantes de los Estados Unidos. Pero antes de lanzarnos a la acción, necesitas conocer el terreno. Aquí discutiremos por qué tantos inversionistas ponen sus ojos en Florida, los desafíos comunes que enfrentan los extranjeros y cómo este libro será tu mejor aliado en este proceso. Todo esto entregando los mejores consejos que desglosan lo complejo en algo sencillo y alcanzable.

> El éxito no es un accidente. Es una elección que comienza con pequeños pasos de aprendizaje, crecimiento y un compromiso constante por mejorar cada día. En Bienes Raíces, como en la vida, el liderazgo y el éxito están al alcance de aquellos que están dispuestos a aprender y servir a los demás.
> JOHN MAXWELL

Capítulo 1

De la visión a la acción: Cómo invertir inteligentemente y construir tu futuro. ¿Por qué invertir y cómo hacerlo? Florida: el destino donde tus inversiones cobran vida y crecen con propósito

Ahora que comprendes la emoción que rodea a este mercado, vamos a profundizar en lo que lo hace especial. Florida no es solo un paraíso turístico, es un centro de oportunidades inmobiliarias con una economía sólida, un clima increíble y un flujo constante de nuevos residentes y visitantes.

Hablaremos de las tendencias de crecimiento y desarrollo que están remodelando el estado y por qué eso es importante para ti como inversionista. ¿Te imaginas ser parte de este *boom* económico? Este capítulo te mostrará cómo.

El sur de Florida ha experimentado un notable crecimiento económico en el mercado inmobiliario en los últimos años. Ciudades como Miami, Fort Lauderdale y West Palm Beach han visto un aumento en la demanda de propiedades residenciales y comerciales.

1.-Este auge se debe a varios factores:

- Migración constante: Muchas personas de otras partes de Estados Unidos y del mundo eligen mudarse al sur de Florida atraídas por su clima cálido, calidad de vida y oportunidades laborales. Florida ha mostrado un incremento apreciable en su población en los últimos años. Según datos del censo actualizados hasta el 1 de julio de 2023, el estado añadió 365,205 nuevos residentes en los 12 meses anteriores, lo que equivale a un promedio de aproximadamente 1000 personas por día. Este crecimiento ha consolidado a Florida como uno de los destinos más atractivos para quienes buscan establecerse en Estados Unidos. Aunque no se dispone de cifras exactas sobre cuántas de estas personas se asientan específicamente en el sur de Florida, es razonable inferir que una proporción significativa elige esta región, dada su densidad poblacional y atractivo económico.

El sur de Florida, que incluye áreas metropolitanas como Miami, Fort Lauderdale y West Palm Beach, ha sido históricamente un imán para nuevos residentes, tanto nacionales como internacionales. Factores como el clima, la diversidad cultural y las oportunidades económicas contribuyen a su popularidad.

- Desarrollo urbano: Se han llevado a cabo proyectos de reurbanización y diversificación de espacios comerciales, enfocándose en áreas transitables y servicios de uso mixto. Esto ha transformado zonas subutilizadas en vibrantes centros comerciales y residenciales.
- Inversiones optimistas: Inversionistas confían en el mercado del sur de Florida, adquieren propiedades a precios competitivos y ven oportunidades de valor en la región.
- Fundamentos económicos sólidos: La baja tasa de desempleo y el continuo crecimiento del empleo han contribuido a la estabilidad del mercado inmobiliario comercial del sur de Florida.

Lo que indica que el mercado inmobiliario del sur de Florida sigue siendo robusto y ofrece oportunidades atractivas para inversores y compradores.

Imagina a un inversionista extranjero intrigado por las historias de éxito que ha oído sobre el sur de Florida. Lo primero que lo atrapa es la promesa de un destino con un crecimiento económico vibrante y oportunidades que florecen en cada esquina.

Florida no solo es atractiva por su infraestructura moderna, con edificaciones imponentes como los rascacielos recién construidos en Miami y el desarrollo de lujo en Fort Lauderdale, sino también queda encantado por el clima soleado que define el estado. En verano, las temperaturas rondan los 90°F (32°C), y en invierno, un cómodo 70°F (21°C), ideal para quienes desean invertir en un destino que atrae a turistas y residentes durante todo el año. Con este conocimiento nuestro inversionista comienza a ver a Florida, además de un paraíso para vacacionar, como un lugar con potencial de inversión sólido y una infraestructura que facilita el éxito financiero.

2-Beneficios fiscales:

- Exenciones fiscales: Florida ofrece exenciones en ciertos impuestos, como los impuestos sobre las ganancias de capital provenientes de la venta de Bienes Raíces,

lo que permite a los inversionistas maximizar sus rendimientos.
- Créditos fiscales: Inversionistas que participan en proyectos clave, como el desarrollo de áreas de oportunidad, pueden beneficiarse de créditos fiscales que reducen su carga tributaria.
- Programas de incentivos: El estado proporciona apoyo financiero y técnico para inversiones que generen empleo o impulsen el desarrollo económico, beneficiando tanto a los inversores como a las comunidades locales.

Inversiones libres de impuestos: Algunas opciones de inversión como bonos municipales están exentas de impuestos, por lo que ofrecen seguridad y rentabilidad a largo plazo para los inversionistas.

Estos incentivos, combinados con la ausencia de impuesto estatal sobre la renta personal, hacen de Florida un destino óptimo para proteger y hacer crecer tu patrimonio de manera inteligente.

Invertir en Bienes Raíces en Florida puede ser una de las decisiones más rentables y seguras, si se hace de manera informada y estratégica. Aquí te explico cómo comenzar, siguiendo un enfoque simple y educativo:

a. Conoce el mercado

Antes de lanzarte a invertir, es fundamental entender el terreno. Infórmate sobre las tendencias y zonas en auge del sur de Florida, como Miami, Fort Lauderdale y West Palm Beach. Cada área tiene características únicas y ofrece oportunidades de revalorización tanto en propiedades residenciales como comerciales.

b. Establece un presupuesto claro

Define un presupuesto que incluya todos los gastos, desde impuestos hasta mantenimiento y cuotas de asociación. Considera también opciones de financiamiento que te ayuden a apalancar tu inversión y lograr un mayor alcance financiero sin excederte.

c. Elige el tipo de propiedad adecuada

Selecciona el tipo de propiedad que mejor se ajuste a tus objetivos. Las propiedades residenciales pueden generar ingresos por alquiler, mientras que las comerciales ofrecen potenciales retornos más altos. Las pre-construcciones, por otro lado, son una buena opción si buscas un valor inicial bajo con potencial de apreciación.

d. Haz un análisis de riesgos

Evalúa factores clave como tasas de interés, economía local y posibles fluctuaciones del mercado. Ten siempre un plan alternativo para proteger tu inversión frente a cambios inesperados, asegurándote de minimizar riesgos y optimizar oportunidades.

e. Consulta a expertos locales

Trabaja con un equipo de confianza en Florida, incluyendo agentes inmobiliarios, asesores legales y contables que conozcan las particularidades del mercado. Ellos te ayudarán en la selección de la propiedad ideal y en el cumplimiento de las leyes y regulaciones locales.

f. Gestiona tu propiedad de manera eficiente

Si optas por alquilar tu propiedad, una administración eficiente es clave. Considera contratar una empresa de administración para maximizar tu retorno, liberándote de la gestión de inquilinos y mantenimiento mientras tu inversión trabaja para ti.

Conclusión:

Seguir estos pasos con una visión clara y un conocimiento básico del mercado te permitirá invertir con confianza y seguridad. Recuerda que Florida es un estado lleno de oportunidades, pero la clave está en tomar decisiones informadas y rodearte de profesionales que te guíen en cada etapa. ¡El éxito inmobiliario es alcanzable si estás preparado y enfocado!

> ESTABLECE METAS CLARAS Y VISUALÍZATE ALCANZÁNDOLO; EL ÉXITO EN CUALQUIER NEGOCIO, INCLUYENDO LOS BIENES RAÍCES, DEPENDE DE TENER UN PROPÓSITO CLARO Y EL CONOCIMIENTO ADECUADO PARA CONVERTIRLO EN REALIDAD.
> BRIAN TRACY

Capítulo 2

Construyendo las bases de una inversión exitosa: Comprender el mercado y definir tus objetivos
El terreno y sus secretos

Pero, antes de emocionarnos demasiado, hay que conocer el terreno, literalmente. Cuando se trata de invertir en el sur de Florida, es esencial comprender cada detalle de este vibrante y dinámico mercado. Aquí es donde nuestra guía entra en juego, ofreciéndote un recorrido completo por las ciudades más importantes de la región, desde las vibrantes y enérgicas calles de Miami, con su cultura y su atmósfera cosmopolita, hasta las exclusivas comunidades costeras de Fort Lauderdale, donde la vida gira en torno al lujo, el acceso al agua, y el encanto relajado de West Palm Beach, un lugar que equilibra a la perfección elegancia y tranquilidad.

En este capítulo, te proporcionaré consejos útiles sobre las principales carreteras como la I-95 y la US-1, que conectan las áreas clave y pueden influir en el valor de una propiedad. También hablaremos de las zonas de mayor crecimiento inmobiliario, lugares donde la transformación urbana está en pleno apogeo y donde el valor de la inversión puede dispararse rápidamente. No podemos olvidar el clima soleado del sur de Florida, un imán para turistas y residentes, pero también implica prepararse para la temporada de huracanes (1 de junio a 30 de noviembre). Saber cómo este clima único puede afectar tu inversión es fundamental.

La clave para tener éxito aquí es tomar decisiones informadas y no simplemente dejarse llevar por la emoción del momento. Imagina tener la tranquilidad de conocer los secretos y las oportunidades de este mercado, desde qué áreas están en plena expansión hasta cómo moverse de manera estratégica. Este capítulo está diseñado para darte las herramientas necesarias para que inviertas con confianza, transformando lo que podría parecer un desafío en una oportunidad emocionante y exitosa. Te prometo que, al entender el terreno, estarás un paso más cerca de convertir tus sueños de inversión en una realidad sólida y rentable. ¡Vamos a explorar juntos este mundo lleno de posibilidades!

Datos prácticos

- El mercado inmobiliario en Florida, como en otras regiones, opera en ciclos económicos que se caracterizan por fases recurrentes de expansión, auge, contracción y recuperación.

1. Expansión: Durante esta etapa, aumenta la construcción de nuevas propiedades, los precios suben progresivamente y la demanda es sólida.
2. Auge: Es el punto más alto del ciclo, con precios máximos, exceso de oferta y una desaceleración en el ritmo de ventas.
3. Contracción: Aquí la demanda disminuye, los precios tienden a estabilizarse o bajar, y los desarrolladores ralentizan o detiene nuevos proyectos.
4. Recuperación: La actividad vuelve a crecer lentamente, los inventarios se ajustan y el mercado se prepara para otro ciclo.

En Florida, cada ciclo generalmente dura entre 7 y 10 años, dependiendo de factores económicos, demográficos y políticas locales. Los cambios en las fases del ciclo suelen ser perceptibles cada 2 a 4 años de manera especial en áreas de alta demanda como Miami u Orlando, donde la oferta y la demanda responden rápidamente a las condiciones económicas. Estos ciclos ofrecen oportunidades para inversionistas que entienden cómo anticiparse y actuar estratégicamente en cada fase.

Conoce a los Developers y compañías inmobilarias

Cuando piensas en el mercado inmobiliario del sur de Florida, uno de los centros más dinámicos y prestigiosos del mundo, es importante entender que aquí operan varios tipos de desarrolladores, cada uno con una visión y especialización que da vida a diferentes estilos de propiedades. ¡Permíteme presentarte a estos jugadores clave!

Primero están los desarrolladores de renombre mundial, expertos en crear edificios de lujo que se han ganado su fama nacional e internacionalmente. Estas firmas han dejado su huella en la región con proyectos icónicos que transforman el horizonte del sur de Florida. Su enfoque suele ser crear propiedades de segunda vivienda, residencias vacacionales o unidades de inversión pensadas para generar ingresos, especialmente en zonas exclusivas como Brickell, Downtown, Edgewater, Wynwood, North Miami, Miami Beach, Biscayne Boulevard, Sunny Isles, Aventura, North Bay Village Bay Harbour Island Hollywood, Fort Lauderdale to West Palm Beach, entre los más importantes.

Estos edificios de lujo son más que simples residencias, son experiencias diseñadas para el estilo de vida elevado, ofreciendo amenities como spas, gimnasios de primer nivel, piscinas y vistas espectaculares. Están pensados para aquellos que buscan una combinación entre inversión y placer, creando un lugar ideal para vacacionar y al mismo tiempo generar ingresos.

Por otro lado, existen los Developers orientados a viviendas unifamiliares, *townhouses* y villas. Estos desarrolladores tienen como objetivo atender la creciente demanda de vivienda familiar en el sur de Florida. Sus proyectos están dirigidos a residentes locales, quienes buscan un hogar estable para vivir y desarrollarse en comunidades bien diseñadas, con acceso a parques, colegios de calidad y servicios para la familia. Estas construcciones no solo priorizan la comodidad y funcionalidad, sino también la conexión y el sentido de pertenencia, ideales para aquellos que buscan un hogar donde establecer sus raíces, entre ellos: Coconut Grove, Coral Gables, Key Biscayne, Aventura (zona este de Miami), Cutler Bay, Homestead, Kendall (zonas sur), Doral, Hialeah Miramar Sunset, Pembroke Weston (west Miami) Davie, Wellington, West Palm Beach, Palm Beach Gardens, entre los más populares.

Y, por supuesto, tenemos las compañías boutique que funcionan como verdaderos artesanos de la construcción. A diferencia de los grandes desarrolladores de edificios y comunidades residenciales, estas firmas trabajan a pedido de cada cliente, creando viviendas únicas y personalizadas según las necesidades específicas de cada uno, como en muchos países latinoamericanos.

Aquí cada proyecto es especial y detallado, pensado para aquellos que desean un hogar a su medida, un refugio que refleje sus gustos y aspiraciones personales, construido con dedicación y singularidad. Zonas como por ejemplo Pinecrest, Key Biscayne, Coral Gable, Coconut Grove, Miami Beach, Las Olas, Fort Lauderdale, Palm Beach.

Así, el mercado del sur de Florida ofrece una diversidad de desarrolladores y estilos para cada necesidad y estilo de vida: desde la inversión en propiedades de lujo, pasando por la construcción de comunidades familiares, hasta el lujo personalizado de las constructoras boutique. ¡La elección está en tus manos, según tu visión y tus sueños!

Algunas de las grandes compañías de Bienes Raíces con presencia internacional que pudieras relacionar con tu país de origen.

También existen otras compañías con presencia nacional denominadas boutique que muchas veces entregan un servicio muy especializado y trabajan con clientes internacionales presencia local y nacional

Compañías de títulos: (abogados especialistas en hacer los trámites de cierre de una transacción inmobiliaria) residenciales y comerciales.

Compañías de inspección locales: encargadas de mirar la propiedad de manera visual y profesional y dar su opinión del estado de esta antes de adquirir una propiedad. También usados para inspecciones de piscinas, suelos, techos y hasta diferentes tipos de plagas que pudieran existir en cada una de las zonas del sur de Florida.

Apps de Real Estate con presencia virtual

- Centros comerciales como anclas de valor: El sur de Florida alberga algunos de los centros comerciales más icónicos, como Aventura Mall, Brickell City Center, Sawgrass y Dolphin Mall. Estos lugares atraen a miles de visitantes locales e internacionales, lo que aumenta el valor de las propiedades cercanas. Si puedes invertir en Bienes Raíces residenciales o comerciales próximos a estas áreas, es probable que veas un crecimiento en el valor de tu inversión, además de un flujo constante de clientes potenciales (por venir American Dream Mall) a estos se les suman otras zonas de interés como aeropuertos, puertos, hospitales, colegios de excelencia y las grandes carreteras, calles principales), playas en resumen accesibilidad.

- Zonas de importancia y crecimiento: Áreas como Brickell, Downtown Miami y Wynwood han experimentado un desarrollo espectacular. Brickell, por ejemplo, es el corazón financiero de Miami y está lleno de rascacielos modernos, restaurantes de alta gama y acceso directo al transporte público, lo que lo convierte en un imán para profesionales jóvenes y empresas internacionales. Wynwood, conocido por sus murales de arte callejero y su ambiente creativo, ha pasado de ser un distrito industrial a un centro vibrante para startups y galerías, lo que ha disparado la demanda de propiedades. Coral Gables, Coconut Grove, Doral Homestead, North Miami, Hollywood, Fort Lauderdale, West Palm Beach son otras de las zonas que han experimentado un gran crecimiento.

- Importancia de la infraestructura: Las principales carreteras, como la I-95 y la US1, y la expansión del transporte público, como el Brightline, Amtrak son factores cruciales para tener en cuenta. Las propiedades bien conectadas suelen ser más valiosas y fáciles de alquilar. Además, la proximidad a aeropuertos internacionales como el Miami International Airport y el Fort Lauderdale-Hollywood International Airport, Palm Beach International Airport hace que ciertas áreas sean más atractivas para inversores que buscan captar a viajeros y empresarios internacionales.

1. Metrorail (Miami-Dade)

El Metrorail es un sistema de tren elevado que conecta diferentes partes del condado de Miami-Dade, incluyendo áreas clave como el Aeropuerto Internacional de Miami, Downtown Miami, Coral Gables y Kendall. Con 25 estaciones a lo largo de sus líneas, es una forma rápida y conveniente de moverse por la ciudad sin preocuparse por el tráfico.

- Beneficios: Ideal para los residentes y visitantes que desean evitar los embotellamientos y ahorrar tiempo en sus desplazamientos diarios. Es especialmente útil para quienes trabajan o viven cerca de las estaciones principales.

2. Metromover (Downtown Miami & Brickell)

El Metromover es un sistema de transporte gratuito que circula por el centro de Miami, Brickell y el área de Omni. Es perfecto para moverse por el corazón financiero y comercial de la ciudad, con estaciones ubicadas cerca de rascacielos, oficinas, restaurantes y centros de entretenimiento.

- Beneficios: Gratuito y conveniente, especialmente para quienes necesitan moverse rápidamente por el centro de Miami. Es una gran ventaja para turistas y profesionales que quieren desplazarse de manera eficiente.

3. Tri-Rail (Miami, Fort Lauderdale, West Palm Beach)

El Tri-Rail es un sistema de tren que conecta Miami, Fort Lauderdale y West Palm Beach. Es una opción excelente para aquellos que viajan entre estas ciudades principales, ya sea por trabajo o placer. El Tri-Rail tiene múltiples estaciones a lo largo de la costa este y se conecta con otros medios de transporte como el Metrorail en Miami.

- Beneficios: Una opción económica y eficiente para desplazarse entre los condados de Miami-Dade, Broward y Palm Beach, evitando el tráfico de la I-95. Es muy utilizado por los trabajadores que viajan diariamente entre estas áreas.

4. Brightline (Miami, Fort Lauderdale, West Palm Beach y Orlando, próximamente Tampa)

El Brightline es un tren de alta velocidad y lujo que conecta Miami, Fort Lauderdale, West Palm Beach y recientemente Orlando. Ofrece una experiencia cómoda, con asientos amplios, Wi-Fi gratuito y servicios adicionales como bares y zonas de descanso en las estaciones.

- Beneficios: Ideal para quienes buscan comodidad y rapidez. Es una opción excelente para viajes de negocios o escapadas de fin de semana, y es especialmente popular entre aquellos que valoran una experiencia de viaje premium.

5. Trolleys (Coral Gables, Miami Beach, Doral, etc.)

Varias ciudades del sur de Florida, como Coral Gables, Miami Beach y Doral, ofrecen servicios de trolley gratuitos. Estos pequeños autobuses recorren rutas específicas y son una manera encantadora y eficiente de moverse por las áreas más turísticas y comerciales.

- Beneficios: Los trolleys son gratuitos y ofrecen un toque local. Son perfectos para moverse por vecindarios concurridos sin gastar en transporte, disfrutando de vistas pintorescas y una experiencia auténtica.

6. Autobuses de Miami-Dade Transit y Broward County Transit

Los sistemas de autobuses de Miami-Dade Transit y Broward County Transit cubren una extensa red que llega a casi todos los rincones de ambos condados. Son una opción asequible para quienes no tienen acceso a un vehículo y desean desplazarse por las ciudades y suburbios.

- Beneficios: Económicos y accesibles, con rutas que conectan zonas residenciales con áreas comerciales, playas y atracciones turísticas. Los autobuses también son una opción confiable para quienes no quieren lidiar con el tráfico y prefieren relajarse durante el viaje.

7. Servicios de Ride-Sharing (Uber, Lyft)

Uber y Lyft son servicios de *ride-sharing* ampliamente utilizados en el sur de Florida. Ofrecen una forma cómoda y personalizada de moverse, ya sea para viajes cortos por la ciudad o para desplazarse al aeropuerto.

- Beneficios: La flexibilidad de estos servicios es ideal para quienes prefieren viajar en sus propios horarios sin depender del transporte público. También son perfectos para trayectos nocturnos o cuando se necesita un viaje rápido y directo.

8. Puerto de Miami

Miami Downtown. El puerto de Miami, conocido como la Capital Mundial de los Cruceros, recibe millones de turistas anualmente y se ha consolidado como uno de los destinos más importantes para el turismo marítimo global.

Además, su alto desempeño en importaciones y exportaciones lo posiciona como un pilar estratégico para el comercio internacional, atrayendo inversiones de todo el mundo.

Este dinamismo ha sido clave en la transformación de la zona, impulsando un crecimiento notable en el mercado inmobiliario de lujo, con un aumento promedio del 15 % anual en los valores de propiedades frente al agua. La modernización del puerto y su conectividad han hecho de Miami un epicentro de oportunidades, donde los desarrollos inmobiliarios icónicos reflejan el auge de una ciudad vibrante y global. Invertir aquí es ser parte de una historia de éxito en constante evolución, un testimonio de cómo el turismo, el comercio y el lujo convergen para transformar vidas y construir un legado.

Conclusión

Estas alternativas no solo hacen que moverse por la región sea más fácil, sino que también agregan valor a las áreas cercanas a las estaciones y rutas principales. ¡Explora estas opciones y descubre cómo pueden mejorar tu experiencia en este increíble mercado inmobiliario!

Carreteras importantes que unen el sur de la Florida

1. Interestatal 95 (I-95)

La I-95 es una de las principales arterias de transporte de la costa este de Estados Unidos, y atraviesa el sur de Florida desde Miami hasta la frontera con Georgia. En esta región, la I-95 conecta ciudades clave como Miami, Fort Lauderdale y West Palm Beach. Esta carretera es fundamental para moverse rápidamente entre las áreas metropolitanas y suele ser muy concurrida sobre todo en las horas pico.

- Importancia para los inversionistas: La I-95 es estratégica para propiedades comerciales y residenciales debido a la accesibilidad que ofrece. Estar cerca de esta carretera puede aumentar el valor de una propiedad, pero también es importante considerar el posible ruido y el tráfico.

2. Autopista de peaje de Florida (Florida's Turnpike)

La Florida's Turnpike es una carretera de peaje que se extiende desde el sur de Miami hasta el centro de Florida. Una ruta popular para evitar el tráfico de la I-95 y conecta importantes áreas residenciales y comerciales, incluyendo Miami-Dade, Broward y Palm Beach.

- Beneficio para inversionistas: Esta carretera es ideal para quienes desean una ruta más fluida hacia Orlando y otras partes del estado. Las propiedades cercanas a la Turnpike pueden ser atractivas para los residentes que buscan una fácil conexión con otras ciudades de Florida.

3. Autopista 836 (Dolphin Expressway)

La Dolphin Expressway (SR 836) conecta el centro de Miami con el Aeropuerto Internacional de Miami y las áreas suburbanas del oeste. Esta carretera es crucial para los viajeros y para quienes se desplazan desde las áreas urbanas hacia los suburbios y viceversa.

- Impacto inmobiliario: Las propiedades cerca de la Dolphin Expressway suelen ser muy valoradas debido a la proximidad al aeropuerto y a las áreas comerciales del centro de Miami. Sin embargo, el tráfico intenso es un factor a considerar.

4. La Palmetto Expressway (SR 826) es una carretera muy transitada que rodea el área

metropolitana de Miami, conectando zonas como Hialeah, Miami Lakes, Kendall y Doral. Es esencial para la movilidad dentro del condado de Miami-Dade.

- Ventajas para los inversionistas: La proximidad a la Palmetto Expressway puede hacer que una propiedad sea muy atractiva para las personas que necesitan un acceso rápido a diferentes partes de Miami. Las áreas cercanas como Doral se han convertido en importantes centros residenciales y comerciales.

5. Carretera US-1 (Federal Highway)

La US-1, también conocida como Federal Highway, es una de las carreteras más antiguas y emblemáticas del sur de Florida. Va desde Key West, en el extremo sur, hasta la frontera con Canadá, y en esta región atraviesa importantes ciudades como Miami, Fort Lauderdale y Boca Ratón.

- Importancia para propiedades: Las propiedades a lo largo de la US-1 suelen tener un alto valor debido a su proximidad a la costa y a las áreas comerciales y de entretenimiento. Es una ruta escénica que también conecta con algunas de las mejores playas del estado.

6. Autopista 75 (I-75)

La I-75, conocida como Alligator Alley, en su tramo entre Naples y Fort Lauderdale, cruza los Everglades y conecta la costa este con la costa oeste de Florida. También se extiende hacia el norte, conectando el sur de Florida con ciudades como Tampa y hasta la frontera con Georgia.

- Relevancia para inversiones: La I-75 es vital para la conectividad interregional. Las áreas cercanas a esta carretera, especialmente en el oeste del condado de Broward, están en crecimiento y presentan oportunidades para desarrollos residenciales y comerciales.

Conclusión

Estas carreteras son esenciales para la movilidad y también influyen en el valor de las propiedades y el desarrollo de las áreas urbanas y suburbanas. Entender la importancia de estas vías puede ayudarte a tomar decisiones de inversión más estratégicas y asegurarte de que tus propiedades estén en ubicaciones deseadas y accesibles en el sur de Florida. ¡El conocimiento de la infraestructura es clave para maximizar tus oportunidades en el mercado inmobiliario!

Avenidas icónicas del sur de Florida

El sur de Florida es conocido por sus avenidas icónicas, muchas de las cuales son cruciales para el transporte, la vida social y el desarrollo inmobiliario de la región. Aquí te presento algunas de las principales avenidas que debes conocer:

1. Brickell Avenue (Miami)

Brickell Avenue es una de las calles más famosas y sofisticadas de Miami, ubicada en el corazón del distrito financiero de la ciudad. A lo largo de esta avenida encontrarás rascacielos, oficinas corporativas, hoteles de lujo y elegantes edificios residenciales. Es una zona clave para negocios y está rodeada de restaurantes de alta gama y opciones de entretenimiento.

- Relevancia inmobiliaria: Invertir en propiedades a lo largo de Brickell Avenue es muy atractivo debido a la alta demanda de ejecutivos y profesionales que trabajan en la zona. Las unidades residenciales en los modernos condominios de esta área tienden a ser una inversión sólida, especialmente para alquileres a corto y largo plazo.

2. Collins Avenue (Miami Beach)

Collins Avenue recorre la costa de Miami Beach desde South Beach hasta el norte de la isla. Es conocida por su vibrante ambiente, playas de arena blanca y la histórica arquitectura art deco. A lo largo de esta avenida, verás una mezcla de hoteles icónicos, boutiques de lujo, restaurantes y propiedades residenciales frente al mar.

- Importancia para inversionistas: Collins Avenue es un imán para turistas y residentes por igual, lo que la convierte en un lugar ideal para propiedades de alquiler a corto plazo, como apartamentos y condominios turísticos. La proximidad a la playa y al entretenimiento hace que estas propiedades sean muy valoradas.

3. Ocean Drive (South Beach, Miami Beach)

Ocean Drive es otra avenida legendaria en South Beach, conocida por su vida nocturna, restaurantes al aire libre y edificios art deco con vistas al mar. Es uno de los lugares más fotografiados de Miami Beach y un destino turístico muy popular.

- Valor inmobiliario: Las propiedades en Ocean Drive, ya sean hoteles boutique, apartamentos o restaurantes, tienen un alto valor debido a la constante afluencia de turistas. Sin embargo, la inversión aquí también implica lidiar con las regulaciones estrictas de preservación histórica.

4. Lincoln Road (Miami Beach)

Lincoln Road es una avenida peatonal famosa por sus tiendas, galerías de arte y restaurantes al aire libre. Ubicada en el corazón de South Beach, es un destino de compras y entretenimiento muy concurrido.

- Oportunidades de inversión: Las propiedades comerciales en Lincoln Road son muy codiciadas debido a la alta visibilidad y tráfico peatonal. Es un excelente lugar para abrir negocios orientados al turismo y al entretenimiento. Propiedades de lujo residenciales con vistas al intracostal y propiedades de lujo en islas paradisíacas.

5. Biscayne Boulevard (Miami)

Biscayne Boulevard es una avenida principal que atraviesa el centro de Miami y continúa hacia el norte, conectando diferentes vecindarios, como Edgewater, Midtown y North Miami Beach. A lo largo de esta avenida, verás una mezcla de edificios residenciales modernos, parques y centros culturales como el Adrienne Arsht Center for the Performing Arts.

- Potencial inmobiliario: La revitalización del área de Biscayne Boulevard ha hecho que esta zona sea muy atractiva para desarrolladores e inversionistas. Los condominios con vistas a la bahía y las áreas comerciales son especialmente valiosos.

6. Miracle Mile (Coral Gables)

Miracle Mile es el corazón de Coral Gables, una elegante avenida conocida por sus tiendas de lujo, restaurantes finos y un ambiente encantador. La zona también es famosa por sus eventos culturales y espacios al aire libre.

- Beneficios para inversionistas: Las propiedades comerciales y residenciales cerca de Miracle Mile tienden a mantener su valor y atraer a una clientela de alto nivel. Es una de las áreas más deseadas para establecer negocios orientados a la comunidad local y familiar por cercanía a excelentes escuelas y universidades.

7. Flagler Street (Downtown Miami)

Flagler Street es una de las avenidas más históricas de Miami, situada en el centro de la ciudad. Es un importante corredor comercial que ha sido el escenario de renovaciones y desarrollos significativos en los últimos años.

- Importancia inmobiliaria: Con el resurgimiento del centro de Miami, Flagler Street se ha convertido en un punto de interés para desarrolladores e inversionistas que buscan aprovechar la creciente demanda de espacios comerciales y residenciales.

8. Calle Ocho (SW 8th Street, Miami)

Conocida como Calle Ocho, esta avenida es el corazón de Little Havana, el vibrante barrio cubano de Miami. Aquí, la cultura latina se manifiesta en cada esquina, con restaurantes auténticos, música en vivo y coloridos murales.

- Relevancia inmobiliaria: La zona ha experimentado un resurgimiento en interés inmobiliario, con desarrollos residenciales y comerciales que buscan capitalizar su rica herencia cultural y su creciente popularidad entre turistas y locales.

9. Las Olas Boulevard (Fort Lauderdale)

Las Olas Boulevard es la joya de Fort Lauderdale, con una mezcla de restaurantes, tiendas de lujo, galerías de arte y una vibrante vida

nocturna. La avenida se extiende desde el centro de Fort Lauderdale hasta la playa.
- Atracción inmobiliaria: Las propiedades residenciales y comerciales en Las Olas Boulevard son muy codiciadas, especialmente por su proximidad al río y a la playa. Es un excelente lugar para inversiones tanto en Bienes Raíces comerciales como residenciales de lujo.

10. Worth Avenue (Palm Beach)

Worth Avenue es sinónimo de lujo y exclusividad en Palm Beach. Esta avenida alberga boutiques de diseñadores de renombre, galerías de arte y restaurantes de alta gama, todo en un entorno de arquitectura mediterránea.
- Importancia para inversionistas: Las propiedades comerciales y residenciales en esta área son altamente valoradas debido a su prestigio y la constante afluencia de visitantes de alto poder adquisitivo.

11. Clematis Street (West Palm Beach)

Clematis Street es el epicentro del entretenimiento en West Palm Beach. Con una mezcla de bares, restaurantes, tiendas y locales de música

en vivo, esta avenida ofrece una vibrante vida nocturna y eventos culturales durante todo el año.
- Oportunidades de inversión: La revitalización del centro de la ciudad ha impulsado el desarrollo de propiedades residenciales y comerciales en los alrededores de Clematis Street, atrayendo a jóvenes profesionales y emprendedores.

12. Flagler Drive (West Palm Beach)

Flagler Drive corre paralela al Intracoastal Waterway, ofreciendo vistas panorámicas del agua y de Palm Beach. Esta avenida es conocida por sus parques, senderos para bicicletas y eventos al aire libre, como el famoso festival Sunfest.
- Beneficios para inversionistas: Las propiedades frente al agua en Flagler Drive son muy codiciadas, tanto para uso residencial como comercial, debido a su ubicación privilegiada y las vistas inigualables.

13. Otras zonas como: PGA Boulevard, Palm Beach Gardens, FL. conocida por sus espectaculares condominios con canchas de golf de talla profesional.

14. Atlantic Avenue (Delray Beach)

Atlantic Avenue es la arteria principal de Delray Beach, conocida por su ambiente animado, con una amplia variedad de restaurantes, tiendas y galerías de arte. La avenida conduce directamente a las playas, lo que la convierte en un punto focal tanto para residentes como para turistas.

- Impacto inmobiliario: La popularidad de Atlantic Avenue ha llevado a un aumento en el desarrollo de condominios y espacios comerciales, ofreciendo oportunidades atractivas para inversionistas que buscan capitalizar en una zona en crecimiento.
- El clima y la temporada de huracanes: Aunque el sur de Florida disfruta de un clima cálido todo el año, la temporada de huracanes (de junio a noviembre) es algo que los inversionistas deben considerar.

Asegúrate de que las propiedades tengan estructuras resistentes y estén preparadas para condiciones climáticas extremas, ya que esto no solo protege tu inversión, sino que también puede ser un punto de venta importante para inquilinos y compradores (optar por medidas de seguridad para sus propiedades también hacen que los valores de los seguros bajen). Ejemplos: protección para ventanas. Estas pueden ser de impacto o bien cubiertas de metal atornilladas (zonas de inundación) propiedades en edificios o propiedades tipo casas, entre otros.

Al conocer estos secretos y estar atento a los desarrollos de los grandes jugadores en el sector, podrás tomar decisiones más informadas y estratégicas, maximizando tus oportunidades de éxito en el dinámico mercado inmobiliario del sur de Florida.

Proyectos icónicos

El sur de Florida está experimentando un notable auge en proyectos de infraestructura y desarrollo que están transformando la región en un centro urbano moderno y competitivo. A continuación, se destacan algunos de los proyectos más significativos que están dando forma al futuro de la zona:

1. American Dream Miami

El American Dream Miami es un ambicioso proyecto que, una vez completado, se convertirá en el centro comercial más grande de Estados Unidos. Con una inversión estimada de 5000 millones, este mega centro comercial combinará tiendas minoristas, parques temáticos, centros de entretenimiento, restaurantes y hoteles en un solo lugar. Se espera que atraiga a millones de visitantes anualmente y genere miles de empleos en la región.

2. Expansión del Brightline y nuevas estaciones

El Brightline es un tren de alta velocidad que conecta Miami, Fort Lauderdale, West Palm Beach y, recientemente, Orlando. Se están desarrollando nuevas estaciones en áreas estratégicas como Aventura y Boca Ratón, lo que aumenta la conectividad y facilita el transporte rápido entre estas ciudades.

- Impacto en la inversión: La expansión de Brightline ha impulsado desarrollos residenciales y comerciales cerca de las estaciones, atrayendo a inversionistas que buscan aprovechar el incremento en el valor de las propiedades gracias a la mayor accesibilidad.

3. Proyecto de Túnel de PortMiami

El túnel de PortMiami ha mejorado el acceso al puerto, uno de los más importantes de Estados Unidos, conectando directamente con la red de carreteras y aliviando la congestión en el centro de Miami. Este proyecto facilita el flujo eficiente de carga y tráfico de cruceros, beneficiando tanto al comercio como al turismo.

- Beneficio para la ciudad: El túnel ha permitido una mejor gestión del tráfico en el centro, aumentando la eficiencia operativa del puerto y fortaleciendo la economía local.

4. El Signature Bridge (Miami)

El Signature Bridge es un impresionante proyecto de infraestructura que transformará el paisaje del centro de Miami. Este puente icónico está diseñado para ser una obra maestra arquitectónica y un símbolo del futuro de la ciudad. Con su diseño moderno y columnas curvas que se asemejan a una corona, el puente se convertirá en un punto de referencia importante.

- Mejoras y beneficios: Además de mejorar el flujo de tráfico en la I-395 y la I-95, el proyecto incluirá espacios verdes y áreas recreativas bajo el puente, conocidas como The Under Deck. Este nuevo espacio público conectará vecindarios como Overtown y el centro de Miami, promoviendo la revitalización y ofreciendo un área atractiva para actividades comunitarias.
- Oportunidades para inversionistas: El Signature Bridge y las áreas circundantes están viendo un aumento en el interés inmobiliario, ya que los desarrollos cercanos se beneficiarán del acceso mejorado y el atractivo visual de esta infraestructura innovadora.

5. Miami Worldcenter

El Miami Worldcenter es uno de los desarrollos urbanos más grandes del país; abarca 27 acres en el corazón de Miami. Incluye una combinación de torres residenciales, hoteles de lujo, oficinas y espacios comerciales.

- Características del proyecto: Este desarrollo ha transformado completamente el área, creando un destino urbano vibrante que atrae tanto a residentes como a turistas. La proximidad a las nuevas infraestructuras, como el Signature Bridge y las estaciones de transporte, hace que esta área sea un imán para las inversiones.

6. Reurbanización de Wynwood

El barrio de Wynwood ha pasado de ser un distrito industrial a uno de los centros culturales más dinámicos de Miami. Con nuevos desarrollos de oficinas, hoteles y viviendas, junto con la famosa escena artística, Wynwood sigue atrayendo a inversionistas y emprendedores.

- Atracción para inversionistas: La continua urbanización y el creciente interés por el arte, la cultura y los negocios innovadores hacen que Wynwood sea uno de los destinos más deseados para las inversiones en Miami.

7. Desarrollo en el Aeropuerto Internacional de Miami (MIA)

El Aeropuerto Internacional de Miami está en constante expansión para manejar el creciente número de pasajeros y mejorar las operaciones de carga. Las mejoras incluyen nuevas terminales y tecnología avanzada para facilitar los procesos de inmigración.

- Relevancia para el turismo y negocios: MIA es un punto clave de conexión internacional, y las mejoras han contribuido a atraer más visitantes y empresas, beneficiando a la economía y aumentando la demanda de propiedades cercanas.

8. Pinecrest Parkway (US-1, Pinecrest)

Pinecrest Parkway, también conocida como US-1, es esencial para la conectividad de la zona residencial de Pinecrest, con un acceso rápido a áreas comerciales y escuelas de primer nivel.

- Importancia para inversionistas: Las propiedades a lo largo de Pinecrest Parkway son muy deseadas por familias y profesionales, lo que hace que la zona sea un punto atractivo para desarrollos residenciales y comerciales.

ZIP Code más importantes del sur de Florida

1. 33139, 33140 (Miami Beach, South Beach)

El código postal 33139 abarca la famosa zona de South Beach en Miami Beach. Es conocido por sus playas, la vibrante vida nocturna y el histórico distrito art deco, siendo un destino popular tanto para turistas como para inversionistas.

- Importancia inmobiliaria: Las propiedades en esta área, especialmente los condominios frente al mar, son muy valoradas. Invertir aquí ofrece oportunidades para alquileres a corto plazo, especialmente debido al constante flujo de turistas.

2. 33129, 33130, 33131, 33132 (Brickell, Downtown Miami)

Código postal: 33131
Cubre el moderno distrito financiero de Brickell y parte del Downtown de Miami. Es un área llena de rascacielos, bancos internacionales y restaurantes de lujo.

- Impacto en la inversión: Las propiedades aquí son ideales para alquileres de lujo y atraen a profesionales que trabajan en el área. La constante demanda de oficinas y residencias hace que Brickell sea un excelente lugar para invertir.

3. 33180 (Aventura)

El código postal 33180 cubre Aventura, una zona conocida por el famoso Aventura Mall, uno de los centros comerciales más grandes y lujosos de la región. Es un área de alta demanda con una mezcla de condominios, casas de lujo y desarrollos comerciales.

- Oportunidades para inversionistas: Aventura es ideal para invertir en propiedades residenciales de lujo y centros comerciales. Su ubicación estratégica entre Miami y Fort Lauderdale la hace muy atractiva.

4. 33178 (Doral)

El código postal 33178 se encuentra en Doral, una ciudad vibrante con un fuerte enfoque en negocios y familias. Es famosa por sus parques industriales, campos de golf y excelentes escuelas.

- Ventaja para inversionistas: Doral es una excelente opción para aquellos que buscan invertir en propiedades residenciales y comerciales. La demanda es alta debido al crecimiento empresarial y a su cercanía con el Aeropuerto Internacional de Miami.

5. 33030 (Homestead)

El código postal 33030 cubre gran parte de Homestead, una ciudad en crecimiento situada al sur de Miami. Es conocida por su proximidad a parques nacionales como Everglades y Biscayne.
- Atractivo inmobiliario: Homestead es popular entre las familias y aquellos que buscan propiedades más asequibles. Invertir aquí puede ser una oportunidad a largo plazo, ya que la zona sigue desarrollándose.

6. 33019 (Hollywood)

El código postal 33019 corresponde a Hollywood, una ciudad costera con un encantador paseo marítimo, playas hermosas y un creciente distrito de arte y cultura.
- Importancia para inversionistas: Las propiedades en Hollywood, especialmente cerca del agua, son muy atractivas para alquileres a corto plazo y residencias

vacacionales. La cercanía con Fort Lauderdale y Miami hace que esta área sea aún más valiosa.

7. 33301 (Fort Lauderdale, Las Olas)

El código postal 33301 incluye el famoso bulevar Las Olas en Fort Lauderdale, conocido por sus canales, tiendas de lujo y restaurantes.

- Potencial inmobiliario: Las propiedades en 33301 son codiciadas, especialmente las casas y condominios frente al agua. Las Olas es un destino popular tanto para residentes como para turistas, ofreciendo grandes oportunidades de inversión.

8. 33444 (Delray Beach)

El código postal 33444 cubre parte de Delray Beach, una ciudad costera conocida por su animado centro y su ambiente relajado. Atlantic Avenue es un punto focal lleno de restaurantes y tiendas.

- Atractivo para inversionistas: Delray Beach es ideal para aquellos que buscan propiedades para alquiler vacacional y residencias permanentes. La ciudad ha sido galardonada como uno de los mejores lugares para vivir y visitar en el sur de Florida.

9. 33401 (West Palm Beach)

El código postal 33401 incluye el área del centro de West Palm Beach, hogar de tiendas, restaurantes, y el vibrante distrito de entretenimiento de Clematis Street.

- Relevancia inmobiliaria: Las propiedades aquí han visto un crecimiento gracias a la revitalización del centro. Los condominios de lujo y las oficinas en esta área son populares entre inversionistas y residentes jóvenes.

10. 33480 (Palm Beach)

El código postal 33480 corresponde a la exclusiva isla de Palm Beach, conocida por sus mansiones frente al mar y el lujoso distrito comercial de Worth Avenue.

- Oportunidades de inversión: Palm Beach es un destino de alto perfil que atrae a compradores internacionales. Las propiedades en esta área son algunas de las más caras y deseadas del país, ofreciendo estabilidad y prestigio.

11. 33160 (Sunny Isles Beach)

El código postal 33160 cubre Sunny Isles Beach, una hermosa franja costera conocida por sus rascacielos de lujo y sus playas de arena blanca. Esta área es famosa por sus desarrollos inmobiliarios de alta gama, con algunas de las propiedades más exclusivas del sur de Florida.

- Oportunidades para inversionistas: Sunny Isles Beach es un imán para compradores internacionales y aquellos que buscan un estilo de vida lujoso frente al mar. Los condominios en esta área son ideales para alquileres a largo plazo y residencias vacacionales, ofreciendo un excelente retorno de inversión.

12. 33154 (Bal Harbour)

El código postal 33154 cubre Bal Harbour, una exclusiva comunidad frente al mar conocida por el icónico Bal Harbour Shops, que cuenta con boutiques de lujo y restaurantes de alta gama. Es un destino muy popular para compradores de lujo y turistas internacionales.

- Relevancia inmobiliaria: Bal Harbour es uno de los lugares más prestigiosos para invertir en propiedades de lujo frente al mar. Los condominios y residencias en esta zona suelen tener un alto valor y son muy demandados por aquellos que buscan exclusividad y acceso a tiendas de renombre.

13. 33149 (Key Biscayne)

El código postal 33149 cubre Key Biscayne, una isla tranquila y lujosa ubicada al sureste de Miami. Es famosa por sus playas, parques naturales como el Bill Baggs Cape Florida State Park, y una atmósfera relajada, pero sofisticada.

- Atractivo para inversionistas: Key Biscayne ofrece un entorno seguro y familiar, con propiedades frente al mar y comunidades cerradas. Es una excelente opción para quienes buscan invertir en residencias de lujo y disfrutar de la privacidad y la belleza natural de la isla.

14. 33133 (Coconut Grove)

El código postal 33133 corresponde a Coconut Grove, uno de los barrios más históricos y pintorescos de Miami. Conocido por su ambiente bohemio, parques frondosos y el acceso al agua, Coconut Grove ofrece una mezcla de lujo y encanto relajado.

- Oportunidades inmobiliarias: Las propiedades en Coconut Grove, desde casas históricas hasta modernos condominios con vistas a la bahía, son altamente valoradas. La zona atrae a familias, jóvenes profesionales y a aquellos que buscan un equilibrio entre la vida urbana y la naturaleza.

15. 33418 (Palm Beach Gardens)

El código postal 33418 abarca Palm Beach Gardens, una ciudad conocida por sus campos de golf de clase mundial, comunidades cerradas de lujo y un estilo de vida sofisticado. Es el hogar de prestigiosos centros comerciales y una próspera comunidad de residentes.

- Oportunidades inmobiliarias: Palm Beach Gardens es ideal para invertir en propiedades residenciales de lujo y viviendas dentro de comunidades de golf. Es un área que atrae a compradores de alto perfil, lo que la convierte en un mercado estable y deseado.

16. 33414 (Wellington)

El código postal 33414 cubre Wellington, conocida por ser la capital ecuestre de invierno del mundo, con eventos de polo y competiciones de caballos. Wellington es famosa por sus amplias propiedades y su ambiente familiar.

- Relevancia para inversionistas: Las propiedades ecuestres y las casas familiares en Wellington son muy atractivas, especialmente durante la temporada de polo. Invertir en esta área puede ser muy rentable debido a su mercado específico y a la fuerte demanda de residencias de lujo.

17. 33411 (Royal Palm Beach)

El código postal 33411 corresponde a Royal Palm Beach, una comunidad familiar con numerosos parques y un ambiente tranquilo. Es conocida por su crecimiento constante y su proximidad a las áreas metropolitanas.

- Atractivo inmobiliario: Las propiedades aquí son populares entre las familias y aquellos que buscan un ambiente suburbano con acceso a escuelas y actividades recreativas. La estabilidad del mercado hace de Royal Palm Beach una opción atractiva para inversiones a largo plazo.

18. 33028 (Pembroke Pines)

El código postal 33028 cubre parte de Pembroke Pines, una ciudad vibrante con una gran cantidad de desarrollos residenciales, centros comerciales y excelentes escuelas. Es una de las ciudades más grandes del condado de Broward.

- Ventaja para inversionistas: Pembroke Pines es ideal para invertir en propiedades residenciales, especialmente debido a su creciente población y su atractivo para las familias. Las casas unifamiliares y los condominios son altamente demandados.

19. 33027 (Miramar)

El código postal 33027 abarca Miramar, una ciudad en rápido crecimiento conocida por sus comunidades planificadas, parques y proximidad a centros empresariales importantes. Es una zona preferida por profesionales que trabajan en Miami o Fort Lauderdale.

- Oportunidades inmobiliarias: Miramar ofrece una variedad de opciones de inversión, desde viviendas familiares hasta desarrollos comerciales. La demanda sigue aumentando debido a su ubicación estratégica y a las infraestructuras modernas.

20. 33317 (Fort Lauderdale)

El código postal 33317 cubre áreas de Fort Lauderdale, incluyendo el vecindario de Plantation.

Es un área mixta, con propiedades residenciales y comerciales, y una comunidad que disfruta de una vida suburbana con fácil acceso a la ciudad.
- Relevancia para inversionistas: Las casas y propiedades comerciales en 33317 son atractivas debido a su ubicación céntrica y al fácil acceso a las principales autopistas. La zona es ideal para familias y empresas que buscan una ubicación conveniente.

21. 33312 (Fort Lauderdale)

El código postal 33312 abarca áreas de Fort Lauderdale cercanas al aeropuerto y al puerto. Incluye vecindarios como Riverland, y es conocido por su mezcla de propiedades residenciales y comerciales.
- Atractivo inmobiliario: Esta área es ideal para inversiones en propiedades multifamiliares y residencias cercanas al agua. Su proximidad al puerto y al aeropuerto internacional lo convierte en un punto estratégico para negocios y logística.

22. 33021 (Hollywood)

El código postal 33021 cubre una parte importante de Hollywood, una ciudad que combina lo mejor de la vida urbana y costera. La zona tiene acceso fácil a las playas, hospitales, y una próspera comunidad comercial.

- Potencial inmobiliario: Hollywood sigue siendo un mercado atractivo para propiedades residenciales y comerciales. Las casas unifamiliares y las unidades de alquiler tienen una alta demanda, especialmente debido a la ubicación estratégica entre Miami y Fort Lauderdale.

23. 33181, 33162 zonas de recambios y crecimiento cercanas a Biscayne Boulevard desde sur a norte y este de la I 95 en el sur de Florida resaltando zonas residenciales con terrenos y áreas verdes, cercanía al mar, zonas de interés y carreteras.

Conclusión

Estos códigos postales representan áreas estratégicas y diversas en el sur de Florida, cada una con su propio atractivo para diferentes tipos de inversiones. Ya sea que estés interesado en desarrollos comerciales en Doral, casas frente al mar en Fort Lauderdale o propiedades exclusivas en Palm Beach, cada ZIP code ofrece oportunidades únicas para hacer crecer tu portafolio inmobiliario. ¡Explora estas áreas y aprovecha el increíble potencial de este dinámico mercado!

Otras zonas de auge y desarrollo inmobiliario en Florida

Florida es un estado con una diversidad impresionante de oportunidades inmobiliarias, y más allá de las áreas icónicas del sur de Florida, ciudades como Orlando, Tampa, y Sarasota están experimentando un crecimiento acelerado. Estas regiones ofrecen oportunidades únicas para inversionistas que buscan expandir su portafolio en un mercado en constante evolución.

1. **Orlando, el corazón del entretenimiento turismo, innovación y educación**

Orlando es mundialmente conocida por sus parques temáticos, como Disney World y Universal Studios, pero esta ciudad es mucho más que un destino turístico. En los últimos años, Orlando ha visto un auge significativo en su mercado inmobiliario, impulsado por una población en crecimiento y una economía vibrante.

• Desarrollo inmobiliario: Con una demanda constante de alquileres a corto y largo plazo, Orlando es un paraíso para los inversionistas que desean generar ingresos pasivos a través de propiedades vacacionales o residenciales.

La ciudad también está invirtiendo en infraestructura, como la expansión del Aeropuerto Internacional de Orlando y proyectos de transporte público que facilitan la movilidad.

- Oportunidades de inversión: Las áreas cercanas a los parques temáticos y el centro de la ciudad son altamente valoradas. Además, el mercado de alquiler a corto plazo sigue siendo fuerte, especialmente con la afluencia continua de turistas.

Nota: Orlando este último tiempo ha acaparado muchas miradas en el mercado estudiantil, deportivo y médico lo que ha impulsado a la ciudad a un crecimiento de propiedades para viviendas, no solo vacacionales, sino también residenciales con un fuerte aumento en la población local permanente y bajos impuestos.

2. Tampa: un centro urbano en expansión

Tampa, ubicada en la costa oeste de Florida, ha emergido como uno de los destinos más atractivos para quienes buscan oportunidades inmobiliarias. La ciudad combina un ambiente metropolitano con la belleza de la costa del Golfo de México, lo que la convierte en un lugar deseado tanto para vivir como para invertir.

- Crecimiento económico y desarrollo: Tampa es un centro económico en crecimiento, en

las industrias, la tecnología, la salud y las finanzas, rublos estos que han impulsado su desarrollo. Además, áreas como Water Street Tampa están revitalizando la ciudad con proyectos de uso mixto que incluyen oficinas, residencias y espacios recreativos.
- Mercado de alquiler y demanda residencial: La demanda de propiedades residenciales ha aumentado y los precios siguen subiendo debido a la afluencia de nuevos residentes. Las áreas suburbanas y los desarrollos frente al mar son puntos claves para los inversionistas que buscan un retorno sólido.

3. Sarasota: belleza costera y calidad de vida
Sarasota, ubicada al sur de Tampa en la costa del Golfo, es famosa por sus playas de arenas blancas, como Siesta Key Beach, y su ambiente relajado, pero sofisticado. Esta ciudad es un destino popular para aquellos que buscan calidad de vida, y su mercado inmobiliario refleja este atractivo.
- Cultura y desarrollo: Sarasota es conocida por su rica escena cultural, que incluye el Ringling Museum of Art y una vibrante comunidad de artes escénicas. El crecimiento en desarrollos residenciales y comunidades

de lujo ha hecho que la ciudad sea especialmente atractiva para los jubilados y las familias de alto poder adquisitivo.

- Inversiones de alto valor: Los desarrollos frente al mar y las comunidades privadas en las islas cercanas, como Longboat Key, siguen siendo muy demandados. Sarasota ofrece oportunidades tanto para alquileres de lujo como para inversiones a largo plazo en un mercado estable.

Conclusión

Orlando, Tampa y Sarasota son ejemplos perfectos de cómo el estado de Florida continúa evolucionando y ofreciendo nuevas oportunidades para los inversionistas. Cada ciudad tiene su propio carácter y ventajas, ya sea el vibrante turismo de Orlando, el desarrollo urbano de Tampa o la belleza costera de Sarasota. Si estás buscando diversificar tu portafolio, estas áreas pueden ofrecer un excelente equilibrio entre crecimiento, calidad de vida y potencial de ingresos. ¡Explora estas regiones y descubre cómo puedes expandir tu éxito en este dinámico mercado inmobiliario!

Actividades deportivas, culturales y empresariales en el sur de Florida y su impacto en el mercado inmobiliario

El sur de Florida es mucho más que sol y playas, es un vibrante centro de eventos culturales, deportivos y empresariales que atraen a miles de visitantes y profesionales de todo el mundo. Estos eventos no solo dinamizan la economía local, sino que también elevan el perfil de las áreas donde se llevan a cabo, creando oportunidades para inversionistas inmobiliarios. A continuación, te presento algunos de los eventos más destacados en moda, deportes, tecnología, medicina, y cómo impactan en el mercado inmobiliario de la región.

1. Miami Open: Tenis en el Hard Rock Stadium
El Miami Open es uno de los torneos de tenis más importantes del mundo y se lleva a cabo en el Hard Rock Stadium en Miami Gardens. Este evento atrae a jugadores de renombre y a miles de fanáticos de todas partes del mundo, quienes disfrutan de la emoción del tenis en un escenario icónico.

- Impacto inmobiliario: La cercanía al Hard Rock Stadium ha incrementado el valor de las propiedades en Miami Gardens y Aventura, especialmente para quienes buscan acceso a eventos de entretenimiento de alto nivel. La demanda de propiedades en alquiler a corto plazo también aumenta en la temporada del torneo, lo que es un beneficio para inversionistas de alquiler vacacional.

2. Ultra Music Festival: Música electrónica en el centro de Miami

El Ultra Music Festival reúne a los DJ más importantes del mundo y a fanáticos de la música electrónica en Bayfront Park. Este evento convierte al centro de Miami en una fiesta de tres días y atrae a miles de personas cada año.

- Impacto inmobiliario: Ultra Music Festival genera una alta demanda de alquileres a corto plazo en Downtown Miami, Brickell y Edgewater. Además, ha impulsado el desarrollo de residencias de lujo y propiedades de alquiler a corto plazo en áreas cercanas, atrayendo a inversionistas interesados en capitalizar el turismo de eventos.

3. Miami Marathon: Salud y deporte en las calles de Miami

La Miami Marathon es una de las carreras más destacadas de la región, con miles de corredores de diferentes países. Su ruta recorre lugares icónicos como Miami Beach, el centro de Miami y Coconut Grove.

- Impacto inmobiliario: La maratón impulsa el atractivo de vecindarios por donde pasa la ruta, como Miami Beach y Brickell, lo cual aumenta el interés en propiedades residenciales en estas áreas. Los apartamentos y condominios cercanos a estas zonas son populares entre quienes buscan un estilo de vida activo y saludable.

4. Miami Spice: festival gastronómico en restaurantes de toda la ciudad

Miami Spice es un evento anual donde los mejores restaurantes de Miami ofrecen menús especiales a precios accesibles, permitiendo a los residentes y visitantes disfrutar de la oferta culinaria de la ciudad. Este evento celebra la diversidad de la cocina de Miami, destacando desde la gastronomía internacional hasta la comida local, incluyendo restaurantes con estrellas Michelin

- Impacto inmobiliario: Miami Spice ha elevado la reputación de la ciudad como destino gastronómico, incrementando la demanda de propiedades en áreas con reconocidos restaurantes como Brickell, Wynwood y el Design District. Inversionistas en Bienes Raíces ven un valor adicional en propiedades cercanas a la oferta culinaria de alta calidad, especialmente para alquileres a corto plazo.

5. Art Basel Miami, Wynwood Miami Beach y expansión en Fort Lauderdale y Palm Beach

Art Basel Miami Beach es un evento de arte contemporáneo que reúne a coleccionistas, artistas y visitantes de todo el mundo en el Miami Beach Convention Center. En años recientes, el evento ha expandido su presencia a Fort Lauderdale y Palm Beach, donde se realizan exhibiciones adicionales, atrayendo a un público diverso interesado en el arte y la cultura.

- Impacto inmobiliario en Miami Beach: La popularidad de Art Basel ha convertido a Miami Beach en un epicentro cultural, impulsando el valor de propiedades en áreas como South Beach y el Design District. Los desarrolladores han creado residencias de

lujo con espacios dedicados al arte, atraen a compradores de alto perfil y a inversores interesados en el mercado de lujo.
- Impacto inmobiliario en Fort Lauderdale y Palm Beach: Con la expansión de Art Basel hacia el norte, las propiedades en Fort Lauderdale y Palm Beach también han ganado atractivo para inversionistas y compradores interesados en vivir cerca de eventos culturales. Estas áreas están viendo un aumento en el desarrollo de propiedades de lujo y en la demanda de residencias para alquiler a corto plazo.

6. Miami y Fort Lauderdale International Boat Show: Exhibición náutica en la Venecia de América

El Fort Lauderdale International Boat Show es uno de los eventos más importantes de la industria náutica y se celebra cada año en el puerto y los canales de Fort Lauderdale. Este evento presenta yates de lujo y productos marinos, atrayendo a entusiastas y compradores de todo el mundo.
- Impacto inmobiliario: Fort Lauderdale, conocida como la Venecia de América por su red de canales, experimenta un aumento

en la demanda de propiedades frente al agua y de lujo. Los inversionistas ven en este evento una oportunidad para desarrollar condominios y viviendas de lujo, atrayendo a compradores que buscan propiedades con acceso directo al mar.

7. Palm Beach International Boat Show: Exclusividad en el centro de West Palm Beach

El Palm Beach International Boat Show es otra exhibición de yates y embarcaciones de lujo que atrae a entusiastas de la navegación y compradores de alto perfil. Este evento se celebra en el centro de West Palm Beach.

- Impacto inmobiliario: El evento resalta el atractivo de propiedades frente al agua y de lujo en Palm Beach y West Palm Beach. Las propiedades con acceso directo al agua son particularmente demandadas, y el aumento de proyectos residenciales en la zona refleja el interés de inversionistas por un estilo de vida exclusivo y náutico.

8. Calle Ocho Festival: Cultura Latina en Little Havana

El Calle Ocho Festival es una celebración de la cultura latina que se realiza en el icónico vecindario de Little Havana. Este evento atrae a miles de personas con música en vivo, comida y baile.

- Impacto inmobiliario: Little Havana ha experimentado un renacimiento cultural en parte debido a este evento. La creciente demanda de propiedades en la zona ha llevado a restauraciones de edificios históricos y el desarrollo de nuevos proyectos de vivienda, aumentando el valor de la zona para inversionistas interesados en propiedades de alquiler.

9. SunFest: música y cultura en West Palm Beach

SunFest es el festival de música más grande de Florida y se celebra cada año en West Palm Beach. Este evento reúne a artistas de diversos géneros y atrae a miles de personas, lo cual dinamiza la economía y enriquece la cultura local.

Impacto inmobiliario: SunFest aumenta la demanda de propiedades residenciales y comerciales en el centro de West Palm Beach. La popularidad del festival ha impulsado el desarrollo de apartamentos y condominios urbanos, haciendo de esta área un lugar deseado para inversión.

10. Miami Fashion Week: Moda y estilo en el corazón de Miami

La Miami Fashion Week es uno de los eventos de moda más importantes de Estados Unidos y el Caribe, celebrada en el centro de Miami. Este evento reúne a diseñadores de renombre, modelos y personalidades del mundo de la moda, transformando la ciudad en un epicentro del estilo y el glamour.

- Impacto inmobiliario: Miami Fashion Week impulsa la demanda de propiedades de lujo y residencias cercanas al centro de la ciudad, en áreas como Brickell y el Design District. Este evento eleva el perfil de Miami como un destino de moda, atrayendo a inversionistas interesados en propiedades exclusivas y residencias de alto perfil. Además, el interés turístico durante la semana de la moda genera una alta demanda de alquileres a corto plazo.

11. Miami International Auto Show: Pasión por el automovilismo en el Miami Beach Convention Center

El Miami International Auto Show es una de las ferias automotrices más grandes de la región y se celebra en el Miami Beach Convention

Center. Este evento atrae a entusiastas de los automóviles, así como a compradores y distribuidores de vehículos que desean conocer las últimas novedades de la industria.

- Impacto inmobiliario: La feria automotriz aumenta el atractivo de propiedades residenciales y comerciales cercanas al Miami Beach Convention Center. La exposición de vehículos de lujo y el perfil de los asistentes impulsa el desarrollo de residencias de lujo en Miami Beach, y los apartamentos y condominios en esta área experimentan una gran demanda. Para inversionistas, la cercanía al centro de convenciones es clave, ya que asegura una ocupación elevada en propiedades de alquiler a corto plazo durante la feria.

12. Emerge Americas: Innovación y tecnología en el Centro de Convenciones de Miami Beach

eMerge Americas es la conferencia de tecnología más importante del sur de Florida, donde startups, empresarios y líderes de la industria tecnológica se reúnen para compartir innovaciones, explorar oportunidades y expandir redes. Este evento coloca a Miami como un punto clave en el mapa de la tecnología e innovación.

- Impacto inmobiliario: eMerge Americas ha hecho que Miami sea aún más atractiva para empresas de tecnología y startups. Las áreas de Brickell y Wynwood, conocidas por sus desarrollos comerciales y residenciales modernos, se han beneficiado de este crecimiento en tecnología. Para inversionistas, esta creciente presencia de empresas tecnológicas eleva el valor de las propiedades residenciales y comerciales, especialmente aquellas que ofrecen oficinas y residencias con espacios de coworking.

13. Miami Health & Wellness Expo: Innovación médica en el sur de Florida

La Miami Health & Wellness Expo es una de las ferias de salud y bienestar más grandes de la región, donde se presentan innovaciones médicas y se abordan temas de salud integral. Este evento reúne a profesionales médicos, empresarios de la industria de la salud y a una audiencia que busca mantenerse al día en el campo del bienestar y la tecnología médica.

- Impacto inmobiliario: La industria de la salud es uno de los sectores en crecimiento en Miami, y la presencia de eventos como el Health & Wellness Expo respalda este desarrollo. Áreas cercanas a hospitales y centros médicos, como el Health District en Miami, ven un incremento en el valor de propiedades comerciales y residenciales, ya que muchos profesionales de la salud buscan viviendas cercanas a su lugar de trabajo. Este desarrollo atrae a inversionistas en propiedades residenciales y multifamiliares, dado que la proximidad a instalaciones médicas asegura una ocupación estable.

14. Palm Beach International Medical Expo: Tecnología médica en West Palm Beach

El Palm Beach International Medical Expo es otro evento importante que se celebra en el sur de Florida, especialmente enfocado en la tecnología médica. Este evento reúne a empresas de dispositivos médicos, tecnología de salud y proveedores de servicios de todo el mundo para presentar los últimos avances en el campo de la salud.

- Impacto inmobiliario: La presencia de eventos médicos de alto perfil en Palm Beach contribuye al desarrollo de propiedades comerciales y de oficinas en áreas cercanas al centro de West Palm Beach. Este tipo de eventos atrae a profesionales que buscan alojamiento temporal y a empresas interesadas en rubro médico queriendo establecer oficinas en la región, elevando la demanda y el valor de las propiedades. La inversión en propiedades residenciales también es atractiva, especialmente para alquileres a corto y mediano plazo.

15. Eventos de gran magnitud como la Fórmula 1 se celebran cada mayo en el Hard Rock Stadium de Miami Gardens. Atrae a visitantes de todo el mundo y esto ha hecho posible el aumento de la demanda de alojamientos temporales.

Durante la temporada de la NBA, los Miami Heat juegan de octubre a abril en el Kaseya Center (antes FTX Arena) en Downtown Miami, generando movimiento constante en la zona. Otras temporadas deportivas, como las de los Marlins en la MLB (abril a septiembre), los Panthers en la NHL (octubre a abril) en el FLA Live Arena en Sunrise, y el Inter Miami en la MLS (febrero a octubre) en el DRV PNK Stadium en Fort Lauderdale,

- Impacto inmobiliario: aumentan la rentabilidad de alquileres cortos en sus alrededores.

Elige el tipo de propiedad adecuada

Selecciona la propiedad que mejor se ajuste a tus objetivos. Las propiedades residenciales cercanas a estadios, como el DRV PNK Stadium para los fanáticos del fútbol, pueden generar ingresos estables por alquiler a corto plazo. Las propiedades comerciales también se benefician del tráfico alrededor de estadios y arenas, especialmente durante juegos y eventos. Las pre-construcciones en áreas cercanas a estos eventos deportivos pueden ser una excelente oportunidad para anticiparse al aumento de demanda de alojamiento.

Nota: 2026 Mundial de Fútbol USA / Florida será una de los Estados sedes para albergar a millones de turistas y la construcción de nuevos estadios.

Conclusión

El sur de Florida es un centro vibrante de eventos culturales, deportivos y empresariales que transforman la región en un imán para turistas, empresarios y entusiastas de diferentes industrias. Cada uno de estos eventos, no solo enriquece la vida local, sino que también crea oportunidades para los inversionistas inmobiliarios al elevar el perfil de las áreas en las que se realizan. La presencia de eventos en sectores tan diversos como moda, tecnología, automovilismo y medicina incrementa el valor de las propiedades y fomenta un crecimiento sostenible y atractivo para los inversionistas.

Instituciones gubernamentales de ayuda al consumidor inmobiliario

Condado de Miami-Dade:
- Departamento de vivienda y desarrollo comunitario: Ofrece programas de asistencia para compradores de vivienda por primera vez, incluyendo ayuda para el pago inicial y asesoramiento en el proceso de compra.

Miami City Government:
- Programa de asistencia para el pago de servicios públicos: Brinda ayuda financiera a residentes de bajos ingresos para el pago de facturas de servicios públicos, como electricidad y agua.

Miami-Dade County :
- Condado de Broward:
- División de servicios humanos: Proporciona programas de asistencia para la vivienda, incluyendo ayuda para el alquiler y servicios públicos para residentes elegibles.
- Oficina de vivienda y desarrollo comunitario: Ofrece programas de asistencia para compradores de vivienda

por primera vez y rehabilitación de viviendas.
- Condado de Palm Beach:

1   Departamento de vivienda y desarrollo económico: Proporciona programas de asistencia para la compra de viviendas, incluyendo ayuda para el pago inicial y asesoramiento en el proceso de compra.
- Programa de asistencia de servicios públicos: Ofrece ayuda financiera para el pago de facturas de servicios públicos a residentes de bajos ingresos.

Compañías de servicios públicos:

- Electricidad:

1   Florida Power & Light Company (FPL): Principal proveedor de electricidad en el sur de Florida, atendiendo a los condados de Miami-Dade, Broward y Palm Beach. FPL
- Agua Potable:
- Miami-Dade Water and Sewer Department: Proporciona servicios de agua y alcantarillado en el condado de Miami-Dade. Miami-Dade County
- Broward County Waterand Wastewater Services: Ofrece servicios de agua y alcantarillado en áreas no incorporadas del condado de Broward.

Broward County
- Palm Beach County Water Utilities Department: Proporciona servicios de agua y alcantarillado en el condado de Palm Beach. Discover PBC

Departamentos de títulos y permisos inmobiliarios y de construcción:

- Condado de Miami-Dade:
1   Departamento de regulación y recursos económicos: Maneja permisos de construcción, inspecciones y códigos de construcción.
  - Oficina del tasador de propiedades: Proporciona información sobre títulos de propiedad y evaluaciones fiscales.
- Condado de Broward:
1   División de licencias y permisos de construcción: Gestiona permisos de construcción y cumplimiento de códigos.
  - Oficina del tasador de propiedades del condado de Broward: Ofrece información sobre títulos de propiedad y evaluaciones fiscales.
- Condado de Palm Beach:
1   Departamento de planificación, zonificación y construcción: Maneja permisos de construcción, inspecciones y cumplimiento de códigos.

Oficina del tasador de propiedades del condado de Palm Beach: Proporciona información sobre títulos de propiedad y evaluaciones fiscales.

Estas instituciones y servicios están diseñados para apoyar a los consumidores en sus necesidades inmobiliarias, desde la compra de una vivienda hasta la gestión de servicios públicos y el cumplimiento de regulaciones de construcción en el sur de Florida.

Capítulo 3

Inversiones inteligentes: Descubre los tipos de propiedades que impulsarán tu crecimiento financiero

Una vez que tengas claridad sobre las leyes, es cuando comienza la parte emocionante: explorar las diversas opciones de inversión en el sur de Florida. Aquí es donde tu estrategia toma forma y se convierte en un plan tangible que puede transformar tu futuro financiero. ¿Estás pensando en invertir en una propiedad de preconstrucción, una de reventa o, tal vez, algo comercial? Cada una de estas categorías tiene sus propias ventajas y desventajas, y no hay una opción única que funcione para todos. Todo dependerá de tus metas, tu presupuesto y tu visión a largo plazo.

En este capítulo, no solo te explicaré cada tipo de inversión, sino que te ayudaré a imaginar cómo podrían funcionar en tu propia situación. Hablaremos de las oportunidades que una propiedad de preconstrucción puede ofrecer, como la posibilidad de personalizar algunos aspectos y obtener una ganancia potencial cuando se complete. También exploraremos las propiedades de reventa que logran proporcionar ingresos inmediatos si eliges alquilarlas, pero podrían requerir renovaciones. Y, por supuesto, no podemos olvidar las propiedades comerciales que, aunque suelen ser más complejas, pueden generar rendimientos significativos si se gestionan correctamente.

Para que todo sea más claro, compartiré ejemplos prácticos que te permitirán visualizar el impacto de cada tipo de inversión. Quiero que te sientas empoderado para tomar la mejor decisión, una que transforme tu portafolio de inversiones y también tu seguridad financiera a largo plazo, porque al final, el objetivo no es solo invertir, sino hacerlo de manera inteligente, maximizando las oportunidades y minimizando los riesgos, todo con el respaldo de un conocimiento sólido y una estrategia bien definida. ¡Prepárate para descubrir las opciones que pueden cambiar tu vida!

La diferencia entre propiedades comerciales y residenciales es clave para definir tu estrategia de inversión, ya que cada una ofrece oportunidades únicas y desafíos específicos. Vamos a desglosar estos conceptos de manera sencilla para que puedas tomar decisiones más informadas.

- **Propiedades residenciales**

Las propiedades residenciales son aquellas destinadas a ser utilizadas como vivienda. Estas pueden incluir casas unifamiliares, apartamentos, condominios, townhouses y villas. Normalmente, las inversiones en propiedades residenciales son más accesibles para los nuevos inversionistas, tanto en términos de tamaño como de gestión. Los tamaños pueden variar ampliamente: desde un pequeño estudio en el corazón de Miami hasta una amplia casa de cuatro habitaciones en Fort Lauderdale. Este tipo de propiedad es ideal si buscas obtener ingresos a través del alquiler a corto o largo plazo o si prefieres una inversión más fácil de manejar, ya que el mantenimiento suele ser más sencillo.

Una ventaja de las propiedades residenciales es que la demanda es más constante. Las personas siempre necesitarán un lugar para vivir, y el sur de Florida, con su clima atractivo y economía en crecimiento, sigue atrayendo a nuevos residentes. Recordemos lo que inicialmente mencionamos que es una constante inmigración diaria de nuevos residentes al estado de Florida y, especialmente, el sur. Sin embargo, también hay desventajas como las fluctuaciones en las tarifas de alquiler y la competencia en ciertas áreas.

El período de rentas de estas propiedades suele ser con un contrato para propiedades residenciales entre 6 meses o 1 año renovables o bien propiedades de corto plazo siendo estas menores a 6 meses, diarias o mensuales (pudiendo recurrir en impuestos adicionales).

- **Propiedades comerciales**

Por otro lado, las propiedades comerciales incluyen edificios de oficinas, locales comerciales, almacenes, bodegas, terrenos multifamiliares, hoteles, gasolineras y propiedades industriales, como ejemplo. Estas suelen ser más grandes y pueden requerir una inversión inicial más significativa. La gestión de propiedades comerciales puede ser más compleja, pero también ofrecen el potencial de un mayor retorno de inversión. Por ejemplo, un espacio de oficinas en una zona de alto tráfico como Brickell o un local comercial en una zona turística como South Beach pueden generar ingresos sustanciales o bien una bodega cerca del aeropuerto.

El tamaño y tipo de propiedades comerciales también varía considerablemente. Podrías invertir en un pequeño local comercial de 1 000 pies cuadrados o en un complejo de oficinas de 20 000 pies cuadrados. A diferencia de las propiedades residenciales, los contratos de arrendamiento comerciales suelen ser más largos, lo que puede ofrecer una fuente de ingresos más estable a lo largo del tiempo. Sin embargo, también debes estar preparado para lidiar con períodos más largos sin inquilinos si el espacio no se alquila rápidamente.

Alternativas para invertir

Dependiendo de tus metas y recursos, podrías considerar varias alternativas:

1. Condominios residenciales en áreas turísticas: Invertir en un condominio en una zona turística como Miami Beach puede

ser rentable si buscas ingresos por alquileres vacacionales.
2. Edificios de oficinas en distritos financieros: Las áreas comerciales como Brickell en Miami, Coral Gables, Aventura o el centro de Fort Lauderdale y West Palm Beach ofrecen oportunidades para adquirir oficinas que pueden ser alquiladas a empresas.
3. Locales comerciales en zonas de alto tráfico: Una tienda en un centro comercial o en una calle concurrida puede ser una excelente opción si deseas diversificar tu inversión y obtener ingresos significativos.
4. Propiedades multifamiliares: Esta opción combina lo mejor de ambos mundos, ya que puedes tener múltiples unidades residenciales en una sola propiedad, maximizando tu flujo de caja. Ha tenido una importante demanda dentro de las alternativas de inversión.
5. Propiedades subvencionadas por el estado más bien conocidas como sección 8.

En resumen, elegir entre propiedades comerciales y residenciales depende de tus objetivos como inversionista, tu tolerancia al riesgo y el nivel de complejidad que estés dispuesto a manejar. Las propiedades residenciales son más simples y con una demanda constante, mientras que las comerciales ofrecen rendimientos más altos, pero conllevan más desafíos. La clave está en entender tus opciones y cómo cada tipo de inversión puede transformar tu portafolio y tu seguridad financiera en el futuro. ¡Elige sabiamente y construye el camino hacia el éxito inmobiliario!

- **Propiedades agrícolas**

Cuando piensas en invertir en Bienes Raíces en el sur de Florida, probablemente te vienen a la mente rascacielos frente al mar, condominios en Miami Beach o locales comerciales en zonas concurridas. Sin embargo, una opción menos tradicional, pero igualmente interesante, es invertir en propiedades agrícolas. Sí, el sur de Florida, no solo se trata de playas y vida urbana, también tiene un mercado agrícola próspero y lleno de potencial.

¿Por qué considerar propiedades agrícolas?

El sur de Florida, con su clima cálido y suelos fértiles, es ideal para la agricultura, y algunas áreas, como Homestead y el área rural de West Palm Beach, se han convertido en centros importantes para el cultivo de frutas tropicales, flores y hortalizas. Las propiedades agrícolas pueden ofrecer una alternativa de inversión que, no solo diversifica tu portafolio, sino que también te conecta con un sector que ha demostrado ser resiliente y lucrativo.

Ventajas de invertir en propiedades agrícolas:

1. Diversificación: Tener una propiedad agrícola en tu portafolio puede ser una excelente manera de diversificar tus inversiones y protegerte contra la volatilidad de otros mercados inmobiliarios. Mientras que los mercados residenciales y comerciales pueden fluctuar según la economía, la tierra agrícola a menudo mantiene su valor o, incluso, se aprecia con el tiempo.

2. Potencial de ingresos: Las propiedades agrícolas pueden generar ingresos a través de arrendamientos a productores locales, asociaciones con empresas agrícolas, o hasta a través de la venta directa de productos agrícolas. Imagínate tener una propiedad donde se cultivan aguacates, mangos o flores, productos que siempre tienen demanda en Florida y más allá.

3. Incentivos fiscales: Al igual que con otros tipos de Bienes Raíces, las propiedades agrícolas pueden ofrecer ventajas fiscales, como exenciones por uso agrícola. Esto puede reducir tus costos operativos y aumentar la rentabilidad neta de tu inversión. Asegúrate de investigar qué incentivos podrían aplicar y cómo podrías beneficiarte de ellos.

Consideraciones antes de invertir

1. Ubicación y tipo de cultivo: No todas las tierras agrícolas son iguales. Es importante investigar qué tipo de suelo y clima se adaptan mejor al tipo de cultivo que deseas apoyar. Por ejemplo, Homestead es conocida por ser un lugar ideal para cultivos tropicales debido a su suelo rico y microclima único.

2. Gestión y mantenimiento: Las propiedades agrícolas requieren un enfoque más práctico. A diferencia de las inversiones en condominios o locales comerciales, las tierras agrícolas necesitan mantenimiento constante, desde la preparación del suelo hasta la gestión de plagas. Si no estás dispuesto a involucrarte personalmente, podrías considerar contratar a un administrador agrícola.

3. Riesgos y desafíos: Aunque el potencial de ingresos es atractivo, también debes estar preparado para enfrentar desafíos como el cambio climático, las fluctuaciones en los precios de los productos agrícolas y posibles desastres naturales como huracanes. Tener un plan de contingencia y un seguro agrícola adecuado es esencial.

Ejemplos de oportunidades de inversión

- Tierras para cultivo de frutas tropicales: Las propiedades en áreas como Homestead son populares para el cultivo de aguacates, mangos y lychees, frutas que tienen alta demanda tanto a nivel local como internacional.
- Fincas de flores y plantas ornamentales: La industria de las plantas y flores en Florida es enorme. Tener una propiedad que produzca plantas ornamentales puede ser muy lucrativo, especialmente con la demanda de paisajismo en constante crecimiento.
- Tierras para ganadería o agricultura sostenible: Algunos inversionistas optan por usar la tierra para prácticas agrícolas sostenibles, que están ganando popularidad y pueden tener beneficios tanto ambientales como económicos.

Conclusión

Invertir en propiedades agrícolas puede parecer fuera de lo común, pero es una opción que ofrece un valor transformador. No solo tienes la oportunidad de generar ingresos, sino también de contribuir al sector agrícola de Florida, que es vital para la economía local. Con la planificación adecuada y un entendimiento claro del mercado, las propiedades agrícolas pueden ser una inversión inteligente y sostenible a largo plazo. ¡Atrévete a explorar este mundo lleno de oportunidades y siembra las semillas para un futuro financiero exitoso!

Terrenos para proyectos inmobiliarios

Al considerar la inversión en terrenos para proyectos inmobiliarios en el sur de Florida, es esencial comprender varios aspectos claves que influyen en el éxito de tu inversión. A continuación, se detallan los puntos más relevantes:

1. **Zonificación y uso del suelo:** La zonificación determina cómo se puede utilizar un terreno, ya sea para fines residenciales, comerciales, industriales o agrícolas. Antes de adquirir un terreno, verifica su clasificación de zonificación para asegurarte de que se alinea con tus planes de desarrollo. Las regulaciones de zonificación pueden variar entre ciudades y condados, por lo que es fundamental consultar con las autoridades locales o con un profesional en bienes raíces.

2. **Tipos de suelo en el sur de Florida:** El sur de Florida presenta diversos tipos de suelo que pueden afectar la construcción:

- Suelo arenoso: Común en áreas costeras, es fácil de excavar, pero puede requerir técnicas especiales de cimentación debido a su baja capacidad de carga.

- Suelo calcáreo: Derivado de la piedra caliza, es típico en regiones como Miami-Dade. Este suelo es más estable, pero la presencia de cavidades puede presentar desafíos.
- Marga: Mezcla de arcilla, limo y arena encontrada en ciertas áreas agrícolas. Su capacidad de drenaje y estabilidad varía, por lo que es esencial realizar estudios geotécnicos antes de construir.

3. **Estudios de viabilidad y permisos de construcción:** Antes de la compra, es recomendable realizar estudios de viabilidad que incluyan análisis geotécnicos, ambientales y de infraestructura. Estos estudios evaluarán la idoneidad del terreno para la construcción y detectarán posibles restricciones. Además, obtener los permisos de construcción es un proceso que puede variar según la jurisdicción y el tipo de proyecto. Es esencial cumplir con todas las normativas locales y estatales para evitar retrasos o sanciones (consultar con las autoridades locales, municipios y abogados especializados).

4. **Ubicación y accesibilidad:** La proximidad a infraestructuras como carreteras princi-

pales, servicios públicos y áreas de crecimiento urbano puede influir en el valor y la viabilidad del proyecto. Áreas en expansión, como ciertas zonas de Miami, Fort Lauderdale y West Palm Beach ofrecen oportunidades atractivas para desarrollos inmobiliarios.

5. **Consideraciones para inversionistas extranjeros:** Los inversionistas extranjeros deben estar al tanto de regulaciones específicas, como la Ley de Inversión Extranjera en Bienes Inmuebles (FIRPTA), que puede implicar retenciones fiscales al momento de la venta de la propiedad. Además, es aconsejable consultar con asesores legales y fiscales especializados en inversiones internacionales para garantizar el cumplimiento de todas las obligaciones y maximizar los beneficios.

Conclusión

Invertir en terrenos para proyectos inmobiliarios en el sur de Florida requiere una investigación exhaustiva y una comprensión clara de las regulaciones locales, las características del suelo y las consideraciones específicas para inversionistas extranjeros. Contar con el asesoramiento de profesionales locales y realizar estudios previos detallados son pasos fundamentales para asegurar una inversión exitosa.

Preconstrucciones

Invertir en propiedades en preconstrucción en el sur de Florida puede ser una estrategia inteligente para maximizar tu inversión. A continuación, te proporciono una guía detallada sobre lo que necesitas saber:

1. ¿Qué es una propiedad en preconstrucción?

Una propiedad en pre-construcción es un inmueble que se encuentra en fase de planificación o construcción y aún no está terminado. Los inversionistas compran estas propiedades antes de su finalización, a menudo a precios más bajos que las propiedades terminadas.

2. Tipos de preconstrucciones disponibles

- Condominios: Edificios de apartamentos que ofrecen amenidades como piscinas, gimnasios y áreas comunes.
- Casas unifamiliares: Viviendas independientes, ideales para familias que buscan más espacio y privacidad.
- *Townhouses*: Viviendas adosadas que combinan características de casas y

condominios, ofreciendo una opción intermedia en términos de espacio y precio.

3. Beneficios de invertir en preconstrucción

- Precios iniciales más bajos: Los desarrolladores suelen ofrecer precios más atractivos en las primeras fases de venta.
- Personalización: Posibilidad de elegir acabados y diseños según tus preferencias.
- Apreciación del valor: Las propiedades pueden aumentar su valor durante el período de construcción, generando una ganancia potencial al finalizar.

4. Consideraciones clave antes de invertir

- Investigación del desarrollador: Verifica el historial y la reputación del constructor para asegurarte de la calidad y cumplimiento de plazos.
- Revisión de contratos: Consulta con un abogado especializado en Bienes Raíces para entender todos los términos y condiciones.
- Financiamiento: Asegúrate de tener claridad sobre los pagos iniciales, cronogramas de pago y opciones de financiamiento disponibles.

- Mercado local: Analiza las tendencias del mercado inmobiliario en la zona específica para evaluar el potencial de apreciación y demanda, obtén asesoría de un profesional en Bienes Raíces, quien te podrá guiar y ofrecer la mejor alternativa. Recuerda: siempre es bueno ir de la mano de alguien que ya lo ha experimentado antes que tú, es la clave. Recuerda que cada inversionista es único y tiene distintas necesidades.

5. Riesgos potenciales

- Retrasos en la construcción: Factores como condiciones climáticas o problemas financieros del desarrollador pueden retrasar la finalización.
- Cambios en el mercado: Las condiciones del mercado inmobiliario pueden variar, afectando el valor de la propiedad al momento de la entrega.

6. Recursos y herramientas

- Agentes inmobiliarios especializados: Profesionales con experiencia en preconstrucciones pueden ofrecerte información valiosa y acceso a proyectos exclusivos.

- Eventos de lanzamiento: Asistir a presentaciones y eventos de nuevos desarrollos te permite conocer detalles y obtener ofertas especiales, pregúntale a tu asesor inmobiliario de confianza.

Invertir en preconstrucción en el sur de Florida ofrece oportunidades significativas, pero es esencial realizar una investigación exhaustiva y contar con asesoramiento profesional para tomar decisiones informadas y alineadas con tus objetivos financieros.

Aquí te explico, la diferencia entre invertir en una preconstrucción diseñada para short-termrental (tipo Airbnb) y una preconstrucción de lujo residencial que permite alquileres solo a largo plazo.

1. **Preconstrucción para Short-Term Rental (Tipo Airbnb)**

Si te atrae la idea de generar ingresos rápidamente y aprovechar el turismo vibrante del sur de Florida, este tipo de propiedad podría ser lo que buscas. Las preconstrucciones para alquiler a corto plazo están diseñadas para que los propietarios puedan rentar sus unidades por días o semanas, brindando una flexibilidad que puede resultar muy lucrativa. Imagina tener una propiedad en el corazón de Brickell Miami Beach o cerca de las emocionantes calles de Downtown Miami, donde miles de turistas buscan alojamiento cada semana.

Estas propiedades suelen estar estratégicamente ubicadas en zonas de alta demanda, rodeadas de atracciones, playas y entretenimiento. Además, vienen con servicios y amenidades que encantan a los huéspedes, como piscinas estilo resort, gimnasios de última generación y recepción 24 horas.

Esto no solo mejora la experiencia del inquilino, sino que también asegura que tu propiedad mantenga una alta tasa de ocupación. Pero, ojo: gestionar este tipo de inversión puede ser un trabajo constante, con un flujo continuo de inquilinos y necesidades de mantenimiento.

Otra cosa a tener en cuenta son las regulaciones locales. No todas las ciudades permiten alquileres a corto plazo, así que es crucial que verifiques si la propiedad está en una zona donde esto sea legal y esté aprobado por la asociación de propietarios. La clave aquí es estar preparado para el dinamismo de este tipo de inversión, que, si se hace correctamente, puede transformar tu flujo de ingresos.

2. Preconstrucción de lujo residencial para alquiler a largo plazo

Por otro lado, si prefieres algo más estable y predecible, las preconstrucciones de lujo residencial pueden ser tu mejor apuesta. Estas propiedades tienen restricciones de alquiler que suelen exigir contratos más largos, generalmente de seis meses a un año. Son perfectas para inversionistas que quieren estabilidad y menos trabajo administrativo, atrayendo a inquilinos de alta calidad como ejecutivos y residentes que buscan un estilo de vida exclusivo.

Imagina un edificio de lujo con conserje, spa, valet parking y áreas comunes diseñadas para ofrecer comodidad y privacidad. Las reglas aquí son estrictas y eso es intencional: están pensadas para mantener la tranquilidad y prestigio de la comunidad. Aunque no obtendrás ingresos constantes como con las propiedades de alquiler a corto plazo, lo que sí tendrás es un flujo de ingresos más seguro y menos desgaste en tu inversión.

Estas propiedades no solo ofrecen tranquilidad financiera, sino que también tienden a mantener o aumentar su valor con el tiempo.

Son una opción sólida si tu objetivo es preservar tu patrimonio en un entorno exclusivo y de alta calidad.

Conclusión

La elección entre invertir en una preconstrucción para short-termrentalo una de lujo residencial depende de tus metas y tu tolerancia al riesgo. Si quieres maximizar tus ingresos rápidamente y estás dispuesto a gestionar tu propiedad con frecuencia, el modelo tipo Airbnb es ideal. Pero si prefieres estabilidad, menos complicaciones y un ambiente exclusivo, las propiedades residenciales de lujo son tu mejor opción.

Ambas alternativas ofrecen grandes oportunidades en el mercado inmobiliario del sur de Florida. La clave está en entender cuál encaja mejor con tu estrategia de inversión y cómo cada una puede transformar tu portafolio de manera única. ¡Estás a solo un paso de tomar la mejor decisión para construir un futuro financiero exitoso en este emocionante mercado!

Capítulo 4

Compra, vende y administra como un profesional: Los secretos para una inversión exitosa

Compra

Aquí es donde empieza la verdadera acción. Imagina que estás a punto de emprender una de las inversiones más importantes de tu vida en el dinámico mercado inmobiliario del sur de Florida. Ya sea que estés mirando una preconstrucción moderna, una casa de reventa con historia o un espacio comercial con gran potencial, cada tipo de inversión tiene su propio proceso, y es crucial conocer los detalles para no encontrarte con sorpresas desagradables. Pero no te preocupes, estaré aquí para desglosarlo todo, compartiendo lo que he aprendido de mi propia experiencia, para que cada paso sea tan claro como el cielo azul de Florida.

1. Diferencias en el proceso de compra: preconstrucción, reventa y comercial

Primero, hablemos de las opciones que tienes. Puede que te estés preguntando: ¿Preconstrucción, reventa o algo comercial? Cada tipo de inversión tiene un proceso único, y entender estas diferencias desde el principio hará que tu experiencia sea mucho más fluida.

Preconstrucción: Apostando al futuro

Invertir en una propiedad de preconstrucción puede parecer emocionante. Estás comprando algo que todavía está en los planos, visualizando cómo se verá una vez completado. Pero también implica cierta paciencia y planificación estratégica.
- Selección del proyecto: Todo comienza con elegir el proyecto adecuado. No solo se trata de enamorarte de las imágenes renderizadas, también debes investigar al desarrollador. ¿Ha cumplido con proyectos anteriores? ¿Entrega a tiempo? Esas son las preguntas clave.

- El contrato de preconstrucción: Aquí es donde empieza el compromiso. Firmarás un contrato que generalmente incluye un cronograma de pagos. A medida que se avanza en la construcción, harás pagos parciales, así que es importante asegurarte de que tu financiamiento esté en orden.
- Tiempo de espera y construcción: La espera puede ser larga y los retrasos no son infrecuentes. Es algo a tener en cuenta, especialmente si tu plan financiero no es flexible. Sin embargo, lo emocionante es que al final tendrás una propiedad completamente nueva.

El gran momento

- El cierre: Una vez que el edificio está terminado, tendrás la oportunidad de hacer una inspección final antes del cierre. Es aquí donde te aseguras de que todo esté como se prometió.

Propiedad de reventa: Comprar lo que ves.

Adquirir una propiedad de reventa es muy diferente. Puedes caminar por cada habitación, abrir cada ventana y sentir la energía del espacio antes de tomar una decisión.

- **La búsqueda perfecta:** Si eres un inversionista extranjero, las visitas pueden ser presenciales o virtuales, y es fundamental tener un buen agente inmobiliario que te ayude a evaluar el potencial de cada propiedad. Factores como la ubicación, las condiciones de la propiedad y el retorno de la inversión son cruciales.
- **Oferta y negociación:** Una vez que encuentras la propiedad ideal, llega la parte de la oferta. Aquí es donde un agente con experiencia puede marcar la diferencia, ayudándote a negociar el mejor precio y las condiciones más favorables.
- **Inspección de la propiedad:** Incluso si la casa parece perfecta, las inspecciones son indispensables. Un inspector evaluará todo, desde la estructura hasta el sistema eléctrico, para asegurarse de que no haya problemas ocultos.
- **El cierre:** Este es el momento en que toda la planificación se concreta. El cierre de una transacción de reventa suele ser más rápido que el de una preconstrucción, pero no menos importante. Asegúrate de tener toda la documentación lista y un equipo legal que te apoye.

Inversión comercial: Pensar a lo grande

Si estás considerando una propiedad comercial, estás entrando en un territorio más complejo, pero con grandes recompensas si se hace bien.

- Análisis del inmueble: Aquí es donde necesitas pensar en grande. ¿Está la propiedad en una ubicación con un flujo de tráfico adecuado? ¿Es atractiva para los inquilinos comerciales? Este análisis determinará el éxito de tu inversión.
- Evaluación financiera: Las propiedades comerciales requieren un análisis detallado del flujo de caja. No querrás hacer una inversión sin saber cuánto ingreso puede generar.
- Inspecciones especializadas: Dependiendo del tipo de inmueble, podrías necesitar inspecciones específicas, como una evaluación ambiental o una revisión de los sistemas de seguridad del edificio.
- Cierre y administración: Después del cierre, deberás considerar cómo se gestionará la propiedad. Aquí es donde una empresa de administración de propiedades puede ser muy útil, especialmente si no planeas estar cerca.

Tu equipo de expertos: Los héroes detrás de una transacción exitosa

Uno de los secretos para un proceso de compra sin estrés es rodearte de profesionales que sepan lo que hacen. Aquí están los expertos que necesitas en tu equipo:

- Agente inmobiliario especializado: Alguien que conozca el mercado del sur de Florida y tenga experiencia trabajando con inversionistas extranjeros. Este es tu guía y negociador, es decir, yo, tu asesora de confianza.
- Abogado de Bienes Raíces: Las leyes pueden ser complejas, especialmente si no eres residente. Un buen abogado se asegurará de que todos los documentos estén en orden y de que comprendas tus derechos y obligaciones. Estos pueden ser de tu confianza o bien trabajar con el *team* del asesor inmobiliario.
- Contador o asesor fiscal: Te ayudará a estructurar tu inversión de manera eficiente y te guiará sobre cómo manejar los impuestos, tanto en Estados Unidos como en tu país de origen.
- Inspector de propiedades: Un inspector confiable te dará una visión clara del estado de la propiedad y te ayudará a evitar sorpresas costosas.

- Especialista en seguros: Florida tiene riesgos particulares, como huracanes. Un buen seguro es una inversión en sí misma.
- Empresa de administración de propiedades: Especialmente útil si no planeas estar en Florida todo el tiempo. Ellos se encargarán de todo, desde el mantenimiento hasta la relación con los inquilinos.

Inspecciones clave: Lo que necesitas saber

No todas las propiedades requieren las mismas inspecciones, y es importante saber qué buscar según el tipo de inversión.

Propiedades residenciales: Aquí necesitas una inspección estructural completa que revise el techo, las paredes y los sistemas eléctricos y de plomería. Las inspecciones de plagas también son cruciales en Florida, donde las termitas pueden ser un problema.

- Propiedades comerciales: Además de la inspección estructural, una inspección de seguridad es vital. Esto incluye salidas de emergencia, sistemas contra incendios y accesibilidad.
- Propiedades agrícolas: Si estás invirtiendo en terrenos agrícolas, asegúrate de hacer

pruebas de calidad del suelo y una evaluación de los recursos hídricos. También es útil inspeccionar cualquier infraestructura agrícola, como graneros o sistemas de riego.

Lo que necesitas saber para cerrar una propiedad

El cierre de una propiedad es el momento en el que todo el trabajo de búsqueda, negociación y planificación finalmente dan sus frutos. Es un proceso emocionante, pero también requiere preparación y atención a los detalles para asegurarte de que todo se complete sin problemas. Ya sea que estés comprando una casa de reventa, una preconstrucción o una propiedad comercial, hay ciertos elementos clave que debes tener en cuenta.

Entender los costos de cierre

Los costos de cierre pueden ser más altos de lo que esperabas, y es importante saber exactamente a qué se destinan estos fondos. Algunos de los costos comunes incluyen:

- Impuestos sobre la propiedad prorrateados: Tendrás que pagar los impuestos sobre la propiedad desde el día en que tomamos posesión de la propiedad hasta el final del año fiscal.

- Honorarios del abogado o agente de cierre: En Florida, es común trabajar con un abogado de Bienes Raíces o un agente de cierre que gestione los documentos y se asegure de que todo esté en orden.
- Seguro de título: Este seguro protege tu inversión en caso de que haya disputas futuras sobre la propiedad. Es una compra única que se paga en el cierre.
- Gastos de origen del préstamo: Si estás financiando la propiedad, tu prestamista te cobrará por procesar el préstamo. En una transacción inmobiliaria en el mercado de Estados Unidos, como en el sur de Florida, las comisiones suelen estructurarse como un porcentaje del precio de venta de la propiedad y se dividen entre los agentes y sus respectivas agencias. Aunque el porcentaje exacto puede variar, aquí tienes un desglose de cómo suelen dividirse las comisiones en transacciones residenciales y comerciales:

Compensaciones para transacciones residenciales

Para las propiedades residenciales, la compensación estándar generalmente ronda el 5 % al 6 % del precio de venta de la propiedad. Este porcentaje es común y suele cubrir el total de servicios brindados por los agentes (todas las comisiones son negociables).

- Pudiera también una sola compañía gestionar la transacción completa quedándose con la comisión completa (como referencia).
- Hoy en día el vendedor ofrece compensación a su agente que lo representa para la venta y el comprador ofrece compensación para el agente que lo representa, esto de manera separada y negociable manteniendo un standard de mercado que es de un 3 % por lado. Todas las compensaciones son negociables.
- Participación de la agencia: Cada agente comparte su parte de la comisión con su agencia, lo cual varía según la relación contractual entre el agente y su agencia. Esto significa que un agente podría recibir desde el 50 % hasta el 100 % de su comisión después de dividirla con la agencia.

Transacciones comerciales

Las transacciones comerciales pueden tener una estructura de comisiones más flexible que las residenciales, dado que los acuerdos suelen ser personalizados y dependen de factores como la complejidad de la negociación, el tamaño del inmueble y el nivel de especialización requerido.

- Porcentaje de comisión: En propiedades comerciales, el porcentaje de comisión es variable, pero tiende a estar en un rango del 2 % al 10 % del precio de venta. En algunas ocasiones, puede ser más alto dependiendo de las particularidades del acuerdo.
- División de la comisión: Similar a las transacciones residenciales, la comisión en una venta comercial también se divide entre el agente del comprador y el del vendedor. Sin embargo, en transacciones más complejas, a veces solo un agente gestiona ambos lados del acuerdo y, en este caso, puede recibir la comisión completa (como referencia).

Otros aspectos a considerar

Para ambos tipos de transacciones, es importante tener en cuenta que el porcentaje de compensación puede negociarse y que cada transacción es única. Los agentes suelen personalizar sus tarifas dependiendo del valor de la propiedad, el mercado local y los servicios adicionales que ofrecen para facilitar la compra o venta.

En resumen:

- Residencial: Comisión total de 5 % a 6 %.
- Comercial: Comisión del 2 % al 10 %, con estructuras más flexibles según la transacción.
- Gastos de inspección y avalúo: Si aún no has pagado por la inspección de la propiedad y el avalúo, estos costos se incluirán en el cierre y los paga el comprador.

Consejo importante: Habla con tu agente inmobiliario y abogado para tener una idea clara de cuánto serán estos costos y prepárate financieramente.

Revisar y firmar documentos legales

El cierre de una propiedad implica firmar una serie de documentos legales, y es crucial que entiendas lo que estás firmando. Algunos de los documentos más importantes incluyen:

- Contrato de venta final: Este documento resume los términos del acuerdo de compra, incluyendo el precio de compra, las condiciones, y cualquier ajuste que se haya hecho durante la negociación.
- Declaración de cierre (Closing Disclosure): Este es un desglose detallado de todos los costos involucrados en la transacción. Revísalo cuidadosamente para asegurarte de que no haya errores.
- Documentos del préstamo: Si estás utilizando financiamiento, tendrás que firmar varios documentos relacionados con el préstamo, como la nota del pagaré y la hipoteca.

Consejo para inversionistas extranjeros: Tener un abogado de Bienes Raíces es especialmente importante si no estás familiarizado con las leyes de Florida. Ellos te explicarán los documentos en detalle y se asegurarán de que estés protegido.

Realizar una Inspección Final (Walkthrough)

La inspección final o "walk-through" es una visita rápida a la propiedad antes del cierre para asegurarte de que todo esté en las condiciones acordadas. Aquí es lo que debes verificar:

- Reparaciones acordadas: Asegúrate de que el vendedor haya completado todas las reparaciones que se mencionaron en el contrato.
- Condiciones generales: Verifica que todos los electrodomésticos funcionen correctamente, que no haya daños nuevos y que la propiedad esté limpia y lista para mudarte.
- Muebles y electrodomésticos: Si el contrato incluye ciertos muebles o electrodomésticos, asegúrate de que estén presentes y en buen estado.

Nota: Si encuentras algo que no está como se acordó, este es el momento de plantearlo antes de firmar los documentos finales.

Tener los fondos disponibles

Asegúrate de tener los fondos necesarios listos para el cierre. Esto puede incluir un cheque certificado o una transferencia bancaria, dependiendo de lo que prefiera el agente de cierre o abogado. Tu prestamista o abogado te informará con anticipación sobre la cantidad exacta que necesitas, normalmente estos fondos deben quedar depositados en la cuenta solicitada 48 a 72 horas antes.

Preparar documentación personal

Tendrás que proporcionar cierta documentación personal en el cierre, como:

- Identificación oficial (Pasaporte, Licencia de conducir, etc.): Necesitarás una identificación válida para verificar tu identidad.
- Comprobante de seguro de propiedad: Antes de cerrar, tendrás que tener un seguro de propiedad válido y proporcionar prueba de la póliza.
- Documentos financieros: Si estás financiando la compra, asegúrate de tener a mano cualquier documentación adicional que requiera tu prestamista.

Consejo: Mantén estos documentos organizados y a mano para agilizar el proceso.

Transferencia de propiedad y llaves

Una vez que se firmen todos los documentos y se realicen los pagos necesarios, la propiedad se transfiere oficialmente a tu nombre. En este punto, recibirás las llaves de tu nueva propiedad. ¡Es un momento de celebración!

Registro de la escritura

Después del cierre, la escritura se registra en la oficina del condado para que la transferencia de la propiedad sea oficial. Esto es manejado por tu abogado de Bienes Raíces o el agente de cierre.

Documentos claves

1. Documentos claves de una HOA (Asociación de Propietarios)

Cuando compras una propiedad en un área administrada por una HOA, estás sujeto a las reglas y regulaciones establecidas por la asociación. Aquí están los documentos más importantes que debes revisar:

- Convenios, condiciones y restricciones (CC & Rs): Este documento establece las reglas que todos los propietarios deben seguir, como restricciones de estacionamiento, regulaciones sobre la apariencia exterior de la propiedad y uso de las instalaciones comunes. Es esencial leerlo detenidamente para entender tus obligaciones y las posibles multas por incumplimiento.

- Presupuesto anual y estados financieros: Revisa el presupuesto anual de la HOA y sus estados financieros para asegurarte de que la asociación esté en una posición financiera saludable. Esto te ayudará a prever posibles aumentos en las tarifas o contribuciones especiales.

- Minutas de reuniones de la junta: Las actas de las reuniones recientes pueden darte una idea de los temas que afectan a la comunidad, como proyectos futuros o problemas en curso. Esto también puede revelarte si hay conflictos frecuentes entre los propietarios y la junta.

- Declaración de tarifas de la HOA: Detalla las tarifas mensuales o anuales que deberás pagar y para qué se utilizan esos fondos, como el mantenimiento de las áreas comunes, servicios de seguridad o seguros.

- **Política de arrendamiento:** Algunas HOA tienen restricciones sobre el alquiler de las propiedades, como un período mínimo de ocupación antes de poder alquilar o límites en la cantidad de veces que se puede arrendar en un año. Esto es crucial si planeas comprar la propiedad como inversión.

A partir del 1 de enero de 2025, entrarán en vigor en Florida nuevas regulaciones que afectan a las asociaciones de propietarios de condominios (HOA). Es fundamental que los propietarios estén informados sobre estos cambios para garantizar el cumplimiento y la seguridad de las edificaciones.

Reservas financieras obligatorias

Las asociaciones de condominios estarán obligadas a mantener reservas financieras adecuadas destinadas al mantenimiento y reparación de elementos esenciales del edificio. Estos incluyen techos, estructuras de carga, sistemas eléctricos y de plomería, sistemas de protección contra incendios, y componentes exteriores como ventanas y puertas. Anteriormente, algunas asociaciones podían optar por no mantener estas reservas, pero con la nueva ley, esta exención ya no será posible.

Inspecciones estructurales periódicas

La ley introduce un programa de inspecciones estructurales obligatorias para edificios de tres o más pisos. Las inspecciones deben realizarse al cumplir 30 años de antigüedad o 25 años si el edificio se encuentra a menos de tres millas de la costa. Posteriormente, las inspecciones se repetirán cada 10 años. Estas evaluaciones buscan identificar y abordar problemas estructurales que puedan comprometer la seguridad de los residentes.

Transparencia y gobernanza

Las asociaciones deberán proporcionar informes financieros anuales detallados a los propietarios, promoviendo la transparencia en la gestión de los fondos. Además, se requerirán estudios de reservas periódicos para evaluar la salud financiera de la asociación y asegurar que se disponga de fondos suficientes para futuras reparaciones y mantenimiento.

Impacto en los propietarios

Estas medidas, aunque buscan mejorar la seguridad y sostenibilidad de los condominios, pueden resultar en aumentos en las cuotas de mantenimiento y evaluaciones especiales para financiar las reservas obligatorias y las reparaciones necesarias. Es esencial que los propietarios participen activamente en las reuniones de la asociación y se mantengan informados sobre las decisiones financieras que afectan a su comunidad.

Para obtener información más detallada y específica sobre cómo estas leyes afectan a su propiedad, se recomienda consultar con la junta directiva de su HOA o con un asesor legal especializado en leyes de propiedad en Florida.

Impacto en las cuotas mensuales

Aunque el incremento exacto en las cuotas mensuales variará según las circunstancias específicas de cada comunidad, se han observado aumentos significativos en algunas áreas. Por ejemplo, en Orlando, algunos propietarios han enfrentado incrementos de hasta un 300 % en sus cuotas mensuales, además de evaluaciones especiales que oscilan entre $12,000 y $22,000.

Factores que influyen en el aumento

1. Varios elementos contribuyen a estos incrementos:

- Reservas obligatorias: La necesidad de mantener fondos de reserva adecuados para reparaciones y mantenimiento esenciales.
- Inspecciones y reparaciones: Los costos asociados con inspecciones estructurales obligatorias y las reparaciones resultantes.

- Seguros: El aumento en las primas de seguros debido a los nuevos requisitos de seguridad y mantenimiento.

2. Documentos clave de una cooperativa

Las cooperativas (co-ops) funcionan de manera diferente a una HOA porque, en lugar de comprar una unidad, compras acciones en una corporación que te otorga el derecho a vivir en una unidad específica. Aquí están los documentos esenciales que debes conocer:

- Reglamentos de la cooperativa: Este documento describe cómo se gestiona la cooperativa, incluyendo las políticas sobre el mantenimiento de las unidades y las áreas comunes y las reglas que los residentes deben seguir.

- Acuerdo de propietarios: Explica tus derechos y responsabilidades como accionista de la cooperativa. Asegúrate de entender los términos relacionados con la ocupación de la unidad y las regulaciones específicas de la comunidad.

- Estados financieros de la cooperativa: Es fundamental revisar las finanzas de la cooperativa para asegurarte de que tenga los fondos necesarios para cubrir gastos y proyectos de mantenimiento. Una cooperativa financieramente inestable podría requerir contribuciones especiales inesperadas.

- Requisitos de aprobación de residentes: Muchas cooperativas tienen un comité que aprueba a los nuevos residentes. Esto puede incluir una revisión financiera y una entrevista, así que asegúrate de conocer los criterios de aprobación antes de presentar tu solicitud.

- Reglas de subarrendamiento: Algunas cooperativas tienen restricciones estrictas sobre la subarrienda de unidades, lo que puede afectar tu capacidad de generar ingresos por alquiler.

3. Documentos claves para una residencia para mayores de 55 años

Las comunidades para mayores de 55 años tienen reglas específicas para garantizar que los residentes cumplan con el requisito de edad y se mantenga el estilo de vida deseado en la comunidad. Aquí están los documentos que debes revisar:

• Declaración de restricción de edad: Este documento confirma que al menos uno de los residentes debe tener 55 años o más y detalla cómo se aplican y verifican estas reglas. También puede especificar excepciones o situaciones en las que otros miembros más jóvenes pueden residir en la propiedad.

• Reglamento de la comunidad: Similar a las HOAS estas comunidades tienen regulaciones sobre el uso de las áreas comunes, actividades permitidas y restricciones sobre la apariencia exterior de las unidades.

• Lista de servicios y tarifas: Muchas comunidades para mayores de 55 años ofrecen servicios específicos, como transporte, actividades sociales y cuidado del césped. Asegúrate de entender qué está incluido en las tarifas mensuales y si hay servicios opcionales con un costo adicional.

- **Reglas de visitantes y ocupación:** Algunas comunidades tienen restricciones sobre las visitas prolongadas de familiares más jóvenes y sobre cuántas personas pueden vivir en una unidad. Esto es importante si planeas tener visitantes frecuentes o si hay temporadas en las que otros miembros de tu familia puedan quedarse contigo.
- **Presupuesto y estados financieros:** Revisa la situación financiera de la comunidad para asegurarte de que esté bien administrada y tenga suficientes fondos para el mantenimiento de las instalaciones y futuros proyectos.

Conclusión

El proceso de compra puede parecer abrumador al principio, pero con el equipo adecuado y una comprensión clara de lo que implica cada paso, estarás mucho mejor preparado para enfrentar cualquier desafío. Desde la elección de la propiedad hasta el cierre, cada decisión es una oportunidad para construir un futuro financiero sólido. Así que respira hondo, arma tu estrategia y prepárate para convertirte en un inversionista exitoso en el emocionante mercado del sur de Florida. ¡Juntos haremos que cada paso cuente hacia tu éxito inmobiliario!

Venta

1. Documentos necesarios para el vendedor como persona natural (extranjero)

Si estás vendiendo la propiedad como una persona natural siendo extranjero, aquí está lo que debes preparar:

- Pasaporte y/o identificación oficial: Necesitarás proporcionar una identificación válida, como tu pasaporte o una licencia de conducir para verificar tu identidad durante el cierre.

- Número de identificación fiscal individual (ITIN): Como extranjero, deberás tener un ITIN para cumplir con las obligaciones fiscales en los Estados Unidos. Si no lo tienes, debes obtenerlo antes de la venta.

- Título de propiedad: El documento que demuestra que eres el propietario legal de la propiedad. Esto será revisado para confirmar que no hay gravámenes ni problemas legales pendientes.

- Estado financiero de la propiedad: Si has generado ingresos por alquiler, los compradores querrán ver un historial financiero que detalle los ingresos y gastos asociados con la propiedad.

- Declaración de impuestos (FIRPTA): La Foreign Investment in Real Property Tax Act (FIRPTA) puede exigir que un porcentaje de la venta se retenga para cubrir impuestos sobre las ganancias de capital. Consulta con un asesor fiscal para gestionar esta retención correctamente.
- Certificados de cancelación de gravámenes: Si alguna vez hubo hipotecas u otros gravámenes sobre la propiedad que ya se pagaron, deberás proporcionar documentación que demuestre que fueron cancelados.
- Historial de mantenimiento y reparaciones: Un registro de las reparaciones y mejoras realizadas en la propiedad, especialmente si estas aumentan el valor de la misma.

2. Documentos necesarios si vendes a través de una LLC o corporación

Si la propiedad está registrada bajo una LLC o corporación, el proceso es un poco más complejo y requiere documentación adicional:

- Artículos de organización (LLC) o artículos de incorporación (corporación): Estos documentos establecen la creación legal de la entidad y son necesarios para demostrar que la empresa existe oficialmente.

- **Acuerdo operativo (LLC):** Este documento detalla cómo la LLC está organizada y operada, y debe mostrar que la empresa tiene el poder de vender la propiedad. En el caso de una corporación, podría requerirse una resolución corporativa que autorice la venta.
- **Identificación del representante autorizado:** Si eres el representante autorizado para la LLC o corporación, necesitarás proporcionar una identificación oficial, como un pasaporte o licencia de conducir.
- **Número de identificación del empleador (EIN):** La LLC o corporación deberá tener un EIN (Número de Identificación del Empleador) para asuntos fiscales y este número se usará en la documentación de la venta.
- **Título de propiedad en nombre de la entidad:** Asegúrate de que el título de la propiedad esté registrado correctamente a nombre de la LLC o corporación y sin problemas legales pendientes.
- **Certificados de cancelación de gravámenes:** Si alguna vez hubo hipotecas u otros gravámenes sobre la propiedad, deberás proporcionar prueba de que han sido cancelados.
- **Declaración de impuestos y FIRPTA:** Si la LLC o corporación tiene miembros o propieta-

rios extranjeros, la venta podría estar sujeta a las retenciones de FIRPTA. Consulta con un contador o asesor fiscal para entender cómo esto puede afectar la transacción.

- Actas de junta (si aplica): Si la venta debe ser aprobada por los miembros de la junta directiva o por los socios de la LLC, se requerirán las actas de las reuniones donde se apruebe la venta.

3. Documentos generales para todo tipo de venta

Independientemente de si eres una persona natural o una entidad corporativa, hay ciertos documentos que siempre se requerirán:

- Contrato de venta: Un contrato firmado que detalla los términos de la venta, incluyendo el precio, las contingencias y las fechas de cierre.
- Divulgaciones del vendedor: Dependiendo de la propiedad, podrías necesitar proporcionar declaraciones que revelen cualquier problema conocido con la propiedad, como problemas estructurales o de plomería.
- Prueba de seguro: Documentación que muestre que la propiedad está asegurada hasta el momento del cierre.

- **Declaración de cierre:** Un desglose detallado de todos los costos involucrados en la transacción, incluidos los impuestos, tarifas legales y comisiones de Bienes Raíces.

Consejos adicionales

- **Consulta con un abogado de Bienes Raíces:** La venta de una propiedad en el sur de Florida, especialmente para extranjeros, puede ser complicada. Un abogado de Bienes Raíces puede ayudarte a entender y gestionar todos los documentos necesarios.
- **Asesoría fiscal:** Es importante trabajar con un asesor fiscal que conozca las leyes estadounidenses para asegurarte de que cumples con todas las regulaciones fiscales, especialmente las retenciones de FIRPTA.

Conclusión

Preparar y organizar todos los documentos necesarios antes de vender una propiedad en el sur de Florida puede facilitar el proceso y evitar complicaciones de último minuto. Ya sea que vendas como persona natural o a través de una entidad como una LLC o corporación, asegúrate de tener un equipo de profesionales que te guíe y te proteja a lo largo del proceso. ¡Con la documentación adecuada y la asesoría correcta, podrás cerrar tu transacción de manera exitosa y sin problemas!

Beneficios fiscales y tributarios

1. Inversionistas extranjeros como personas naturales

- FIRPTA (Foreign Investment in Real Property Tax Act): Esta ley requiere que, al vender una propiedad en EE. UU., se retenga un porcentaje del precio de venta bruto (generalmente el 15 %) para cubrir posibles obligaciones fiscales del vendedor extranjero. Sin embargo, existen exenciones y tasas reducidas dependiendo de la situación, como si el comprador planea usar la propiedad como residencia principal y el precio de venta es inferior a $300 000 (referencial).
- Ganancias de capital: Las ganancias obtenidas de la venta están sujetas a impuestos federales sobre ganancias de capital, cuya tasa depende de la duración de la propiedad (a corto plazo o a largo plazo) y del monto de la ganancia. Consultar a un asesor fiscal es crucial para calcular la tasa correcta.

2. Venta a través de una LLC

- Estructura fiscal de la LLC: Las LLCs son entidades de paso, lo que significa que los ingresos y gastos se transfieren a los propietarios y se declaran en sus declaraciones de impuestos personales. Una LLC de un solo miembro es tratada como una entidad no considerada, mientras que una LLC con múltiples miembros se trata como una sociedad y cada miembro declara su porción correspondiente.

• Retención bajo FIRPTA: Si la LLC tiene miembros extranjeros, FIRPTA puede aplicarse. La retención se realiza en función de la participación de los miembros extranjeros en la LLC.

• Beneficio de la Ley 1031: Si los fondos de la venta se reinvierten en una propiedad similar en EE. UU., los propietarios de una LLC pueden aprovechar un intercambio 1031 para diferir los impuestos sobre las ganancias de capital. Esto significa que no pagas impuestos sobre las ganancias en el momento de la venta, siempre que sigas las reglas del intercambio, como identificar una nueva propiedad dentro de 45 días y cerrar la compra en un plazo de 180 días.

3. Venta a través de una corporación

• Impuesto corporativo: Las ganancias obtenidas de la venta de propiedades por una corporación están sujetas al impuesto corporativo federal. La tasa impositiva corporativa es fija, lo que puede ser una ventaja o desventaja dependiendo del monto de las ganancias.

- Doble imposición: Las ganancias distribuidas como dividendos pueden estar sujetas a doble imposición, primero a nivel corporativo y luego a nivel individual. Sin embargo, una corporación S (una elección fiscal especial) permite que las ganancias se trasladen a los accionistas y se graven solo una vez, similar a una LLC.
- Beneficio de la Ley 1031: Las corporaciones también pueden utilizar un intercambio 1031 para diferir los impuestos sobre las ganancias de capital al reinvertir en otra propiedad similar. Esto puede ser una estrategia poderosa para las corporaciones que buscan expandir su portafolio de Bienes Raíces sin pagar impuestos inmediatos sobre las ganancias.

4. Beneficio de la Ley 1031 (Intercambio 1031)

El intercambio 1031, también conocido como intercambio de propiedades similares, es un beneficio fiscal que permite a los propietarios diferir el pago de impuestos sobre las ganancias de capital al vender una propiedad si las ganancias se reinvierten en otra propiedad similar. Este beneficio es aplicable tanto a individuos como a entidades como LLCs y corporaciones.

- Requisitos clave del intercambio 1031:

1   Propiedades similares: La propiedad que compras debe ser de "uso similar" a la que vendiste. En términos simples, ambas propiedades deben ser usadas para fines de inversión o negocios.

- Plazos estrictos: Debes identificar la nueva propiedad dentro de 45 días después de la venta y completar la compra dentro de 180 días.
- Intermediario calificado: No puedes recibir directamente los fondos de la venta. Debes utilizar un intermediario calificado que mantenga los fondos y facilite el intercambio.

Ventajas:

1   Diferimiento de impuestos: Puedes seguir difiriendo los impuestos sobre las ganancias de capital tantas veces como realices intercambios 1031. Esto te permite hacer crecer tu portafolio de inversión de manera más eficiente.

- Aumenta tu poder de inversión: Al no tener que pagar impuestos inmediatos, puedes reinvertir el monto total de las ganancias, lo que te da más capital para adquirir propiedades más valiosas.

Consideraciones adicionales para inversionistas extranjeros

- Tratados fiscales internacionales: Los tratados fiscales entre EE. UU. y otros países pueden ofrecer beneficios adicionales, como la reducción o eliminación de ciertas retenciones. Consulta a un asesor fiscal especializado para conocer los detalles de tu situación particular.
- Declaraciones y cumplimiento: Asegúrate de cumplir con todas las obligaciones fiscales y presentar las declaraciones necesarias. Las consecuencias por incumplimiento pueden ser significativas, especialmente para inversionistas extranjeros.

Conclusión

Vender una propiedad en el sur de Florida puede implicar diversas complejidades fiscales, especialmente para inversionistas extranjeros y entidades como LLCs o corporaciones. El beneficio del intercambio 1031 es una herramienta valiosa que te permite diferir los impuestos y maximizar tus inversiones, siempre y cuando se sigan las reglas adecuadas. Trabaja con un equipo de asesores fiscales y legales experimentados para aprovechar al máximo estas estrategias y proteger tu inversión. ¡Una planificación cuidadosa puede marcar la diferencia en tu éxito financiero a largo plazo!

Administración

Mantener y rentabilizar tu inversión

Has hecho el trabajo duro: elegiste la propiedad adecuada, navegado las complejidades del proceso de compra y, finalmente, te has convertido en propietario en el dinámico mercado inmobiliario del sur de Florida. Pero el viaje no termina aquí. La siguiente etapa es hacer que tu inversión trabaje para ti, maximizando tus ingresos y protegiendo el valor de la propiedad a largo plazo. ¿Cómo logras esto? Aquí es donde entra la estrategia: desde opciones de administración de propiedades hasta formas de asegurar que tu inversión genere frutos constantes, te guiaré paso a paso.

1. Opciones de administración de propiedades: ¿Hacerlo tú mismo o contratar expertos?

Una de las decisiones más importantes que debes tomar como propietario es cómo administrar tu propiedad. La elección entre gestionarla tú mismo o contratar un administrador de propiedades profesional puede tener un gran impacto en tus ingresos y en el tiempo que dedicas a esta inversión.

Gestionar la propiedad tú mismo

Administrar tu propiedad personalmente puede ser gratificante y económicamente eficiente, pero también requiere tiempo y compromiso. Aquí están los aspectos clave:

- Responsabilidades: Como administrador, serás responsable de todo, desde encontrar inquilinos y realizar verificaciones de antecedentes, hasta gestionar el mantenimiento y lidiar con las reparaciones de emergencia. Esto puede ser manejable si vives cerca y tienes tiempo disponible.
- Maximizar las ganancias: Al no pagar tarifas de administración, puedes ahorrar entre un 8 % y 12 % de los ingresos por alquiler. Sin embargo, esto significa que necesitarás estar disponible para atender a los inquilinos y manejar las operaciones diarias.
- Consejo práctico: Si decides gestionar la propiedad tú mismo, invierte en software de administración de propiedades para mantenerte organizado y facilitar tareas como el cobro de rentas y la programación de reparaciones.

Ejemplo real

Imagina que tienes un condominio en Aventura y decides administrarlo tú mismo. Te asegurarás de que las reparaciones sean rápidas y económicas, pero también estarás disponible 24/7 para emergencias como una fuga de agua o problemas con el aire acondicionado.

Contratar un administrador de propiedades profesional

Si prefieres un enfoque más "manos libres" y quieres minimizar tu participación diaria, contratar un administrador de propiedades puede ser la mejor opción.

- Servicios ofrecidos: Un administrador profesional se encargará de todo: encontrar y evaluar inquilinos, gestionar contratos de alquiler, coordinar reparaciones, cobrar rentas y manejar cualquier conflicto. Esto te libera para enfocarte en otros aspectos de tu vida o en futuras inversiones.
- Costo: Por lo general, las tarifas de administración de propiedades oscilan entre el 8 % y el 12 % del alquiler mensual. Aunque este costo reduce tus ingresos netos, el tiempo y el esfuerzo que ahorras pueden valer la pena.
- Protección legal: Los administradores de propiedades también están familiarizados con las leyes de alquiler y pueden protegerte de

problemas legales, como demandas por desalojo o disputas con inquilinos.

Estrategias para maximizar tus ingresos

Ya sea que administres la propiedad tú mismo o contrates a un profesional, hay varias maneras de optimizar los ingresos generados por tu inversión. Aquí hay algunas ideas:

- 1. Ajuste de renta basado en el mercado: Asegúrate de estar al tanto de las tasas de alquiler en tu área y ajusta el precio en función de la demanda. Puedes hacer esto revisando comparables en tu vecindario y manteniéndote actualizado sobre las tendencias del mercado.
- 2. Ofrecer servicios adicionales: Si tu propiedad lo permite, considera agregar servicios que aumenten el valor percibido, como lavandería en el sitio, estacionamiento privado o, incluso, servicios de limpieza. Estos extras pueden justificar una renta más alta.
- 3. Alquileres a corto plazo: En áreas turísticas como Miami Beach o Sunny Isles ahora Downtown Miami Brickell entre otros los alquileres a corto plazo (tipo Airbnb) pueden ser mucho más rentables que los arrendamientos

tradicionales. Solo asegúrate de cumplir con las leyes locales sobre alquileres a corto plazo.

- 4. Renovaciones estratégicas: Realizar mejoras, como renovar la cocina o actualizar el baño, puede atraer a mejores inquilinos y justificar una renta más alta. Asegúrate de invertir en renovaciones que realmente aumenten el valor de la propiedad.

Proteger tu inversión a largo plazo

Maximizar tus ingresos es importante, pero proteger tu propiedad y mantener su valor a largo plazo también es esencial. Aquí hay algunas estrategias para lograrlo:

- Mantenimiento preventivo: No esperes a que surjan problemas. Realiza inspecciones regulares y mantén un programa de mantenimiento para evitar reparaciones costosas en el futuro. Piensa en esto como una manera de ahorrar dinero a largo plazo.
- Seguro de propiedad adecuado: En el sur de Florida, tener el seguro de propiedad correcto es fundamental, especialmente por la amenaza de huracanes. Asegúrate de tener cobertura para desastres naturales y considera seguros adicionales si tú propiedad está cerca del agua.

- **Construir un fondo de emergencia:** Reserva una parte de tus ingresos de alquiler en un fondo de emergencia para cubrir reparaciones inesperadas o períodos en los que la propiedad pueda estar vacía. Esto te dará tranquilidad y estabilidad financiera.
- **Planificación legal y fiscal:** Trabaja con un abogado y un contador para asegurarte de que tu propiedad esté estructurada de manera que minimice tus impuestos y proteja tus activos. Esto puede incluir la creación de una LLC o un fideicomiso para proteger tu inversión.

Contratar operadores para administrar tu propiedad de alquiler a corto plazo

Si tienes una propiedad en el sur de Florida y deseas maximizar tus ingresos a través de alquileres a corto plazo, como en Airbnb o similares, es posible que prefieras dejar la administración en manos de expertos. Contratar operadores o administradores de propiedades de alquiler a corto plazo puede ser una decisión estratégica, especialmente si no vives cerca de la propiedad o prefieres no encargarte de las operaciones diarias. Aquí te explico cómo funciona este proceso y qué debes considerar.

1. ¿Qué hace un operador de propiedades de alquiler a corto plazo?

Un operador de alquiler a corto plazo se encarga de gestionar todos los aspectos relacionados con el alquiler de tu propiedad. Esto incluye:

- **Configuración y listado de la propiedad:** Crear un listado atractivo en plataformas como Airbnb, con descripciones detalladas, fotos profesionales y precios competitivos.
- **Gestión de reservas:** Manejar las reservas, responder a consultas de huéspedes y coordinar las llegadas y salidas.
- **Servicio al cliente:** Atender las necesidades de los huéspedes durante su estancia, incluyendo responder a preguntas, resolver problemas y proporcionar recomendaciones locales.
- **Limpieza y mantenimiento:** Coordinar la limpieza profesional entre estancias y realizar inspecciones periódicas para asegurarse de que la propiedad se mantenga en excelentes condiciones.
- **Optimización de precios:** Ajustar los precios según la demanda, los eventos locales y las temporadas para maximizar tus ingresos.

- Cumplimiento de normas locales: Asegurarse de que tu propiedad cumpla con las leyes y regulaciones locales sobre alquileres a corto plazo, incluyendo permisos y recolección de impuestos.

Ejemplo real

Si tienes un condominio en Miami Beach, un operador puede encargarse de gestionar las reservas y garantizar que la propiedad esté lista para cada huésped, mientras tú te ocupas de otras inversiones o proyectos personales.

2. Ventajas de contratar un operador de alquiler a corto plazo

- Ahorro de tiempo y estrés: La gestión de alquileres a corto plazo puede ser exigente, especialmente cuando se trata de atender a los huéspedes y coordinar limpiezas frecuentes. Un operador se encargará de todo esto por ti.
- Experiencia y conocimientos locales: Los operadores profesionales tienen experiencia en optimizar los ingresos y atraer a huéspedes de calidad. También entienden las normativas locales y pueden ayudarte a cumplir con ellas.
- Maximización de ingresos: Gracias a su conocimiento del mercado, los operadores

pueden ajustar los precios de manera estratégica para aprovechar la demanda en temporadas altas y eventos especiales.

- Atención profesional al huésped: La experiencia de los huéspedes puede hacer o deshacer una propiedad en plataformas como Airbnb. Un operador profesional garantizará un servicio de primera calidad, lo que resultará en mejores reseñas y más reservas.

3. Qué buscar al contratar un operador de propiedades de alquiler a corto plazo

No todos los operadores son iguales y es importante elegir uno que se alinee con tus expectativas y necesidades. Aquí hay algunas cosas a considerar:

- Experiencia y reputación: Investiga la experiencia del operador en la gestión de propiedades de alquiler a corto plazo en el sur de Florida. Lee reseñas de otros propietarios y pide referencias.
- Estructura de tarifas: Los operadores suelen cobrar un porcentaje de los ingresos por alquiler, que generalmente varía entre el 15 % y el 30 %, dependiendo de los servicios que ofrezcan. Asegúrate de entender exactamente lo que cubren las tarifas.

- Servicios ofrecidos: Pregunta qué servicios están incluidos. Algunos operadores solo manejan la gestión básica, mientras que otros ofrecen servicios adicionales como marketing de la propiedad o renovaciones.
- Comunicación: Asegúrate de que el operador tenga un sistema de comunicación claro y efectivo para mantenerte informado sobre el desempeño de la propiedad y cualquier problema que surja.

Consejo práctico:

Si estás considerando múltiples operadores, no dudes en entrevistar a cada uno y comparar sus propuestas. Busca alguien que esté dispuesto a trabajar contigo de manera transparente y que tenga un plan sólido para maximizar tus ingresos.

4. Aspectos legales y regulatorios

El sur de Florida, incluyendo ciudades como Miami y Fort Lauderdale, tiene regulaciones específicas para las propiedades de alquiler a corto plazo. Antes de contratar a un operador, asegúrate de que estén familiarizados con estas leyes y te ayuden a cumplirlas.

- **Licencias y permisos:** Algunas ciudades requieren que las propiedades de alquiler a corto plazo tengan licencias específicas. Un buen operador te ayudará a obtener estos permisos.
- **Recolección de impuestos:** Los alquileres a corto plazo están sujetos a impuestos locales y estatales. El operador debe encargarse de recolectar y remitir estos impuestos de manera adecuada.
- **Normas de condominio o HOA:** Si tu propiedad está en un edificio de condominios o en una comunidad con una HOA, verifica si hay restricciones sobre los alquileres a corto plazo. Tu operador debe conocer estas reglas y ayudarte a cumplirlas.

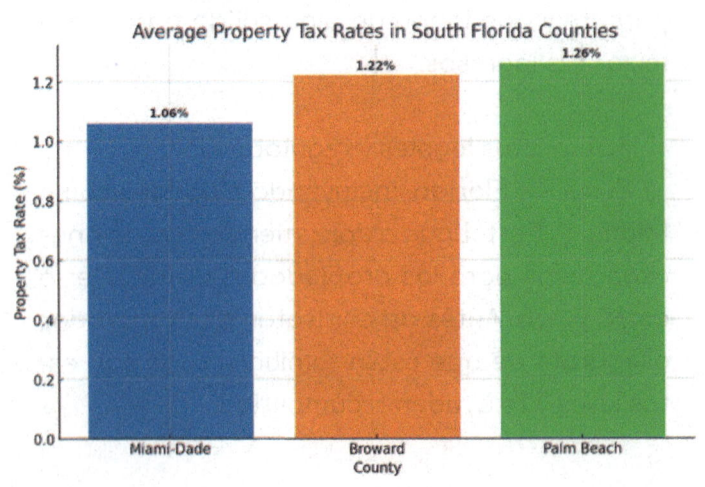

Average Property Tax Rates in South Florida Counties

County	Property Tax Rate
Miami-Dade	1.06%
Broward County	1.22%
Palm Beach	1.26%

5. ¿Vale la pena contratar un operador de alquiler a corto plazo?

La respuesta depende de tu situación personal y tus objetivos de inversión. Si tienes tiempo y energía para gestionar la propiedad tú mismo, puedes ahorrar dinero. Sin embargo, si prefieres un enfoque sin complicaciones y deseas maximizar tus ingresos sin dedicar tiempo a la gestión diaria, contratar a un operador puede ser una excelente inversión.

Ejemplo real

Si tienes varias propiedades de alquiler a corto plazo en áreas turísticas como Miami, Miami Beach, Fort Lauderdale, contratar a un operador profesional puede ayudarte a mantener una experiencia de alta calidad para los huéspedes y aumentar tus ingresos de manera constante.

Conclusión

Contratar un operador para administrar tu propiedad de alquiler a corto plazo en el sur de Florida puede ser una decisión inteligente, especialmente si buscas optimizar tu inversión y minimizar el estrés de la gestión diaria. Un operador profesional se encargará de todos los detalles, desde la comunicación con los huéspedes hasta el cumplimiento de las normativas locales, permitiéndote disfrutar de los beneficios financieros sin las preocupaciones operativas. ¡Con el equipo adecuado, tu propiedad puede convertirse en una fuente de ingresos constante y sin complicaciones!

Datos claves

Aquí tienes un gráfico de barras que muestra las tasas promedio de impuestos a la propiedad en los principales condados del sur de Florida: Miami-Dade (1.06 %), Broward (1.22 %) y Palm Beach (1.26 %). Este gráfico permite visualizar de manera clara y comparativa las tasas impositivas en cada condado. (referencia)

El sur de Florida ha experimentado un notable crecimiento inmobiliario en diversas áreas. A continuación, se presenta un gráfico que ilustra las zonas con mayor incremento en el mercado inmobiliario, basado en datos recientes:

Zonas destacadas:

- Miami-Dade:

1   Downtown Miami: Incremento del 15 % en nuevos desarrollos residenciales y comerciales.
- Wynwood: Crecimiento del 12 % en proyectos de uso mixto y espacios artísticos.

- Broward:

1   Fort Lauderdale: Aumento del 10 % en construcciones de condominios de lujo y marinas.
- Hollywood: Expansión del 8 % en complejos residenciales y turísticos.

- Palm Beach:

1   West Palm Beach: Crecimiento del 9 % en desarrollos urbanos y centros comerciales.
- Boca Ratón: Incremento del 7 % en comunidades residenciales de alta gama.

Estos porcentajes reflejan el dinamismo y la expansión del mercado inmobiliario en estas áreas, convirtiéndose en puntos claves para inversores y desarrolladores.

Cada una de estas zonas ofrece diferentes tipos de inversión:

- Miami-Dade (Brickell Downtown y Wynwood): Enfoque en propiedades urbanas, alquileres de corto plazo y desarrollos de uso mixto y ultra lujo.
- Broward (Fort Lauderdale y Hollywood): Ideal para el mercado de lujo y turístico, especialmente con propiedades frente al agua.
- Palm Beach (West Palm Beach y Boca Ratón): Crecimiento estable con alta demanda en propiedades de lujo y espacios comerciales.

Estas áreas combinan oportunidades de inversión sólidas con un atractivo turístico y cultural creciente, haciendo del sur de Florida un mercado inmobiliario dinámico y rentable.

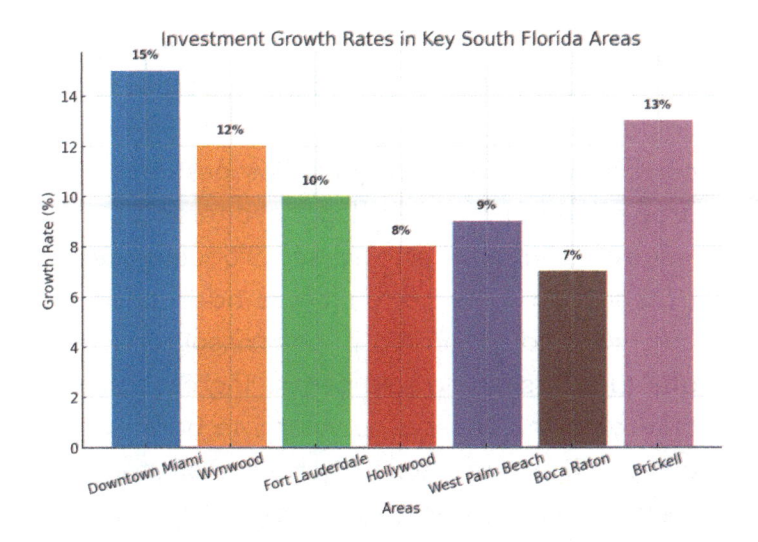

Investment Growth Rates in Key South Florida Areas

Area	Growth Rate
Downtown Miami	15%
Wynwood	12%
Fort Lauderdale	10%
Hollywood	8%
West Palm Beach	9%
Boca Raton	7%
Brickell	13%

Conclusión

Mantener y rentabilizar tu inversión en el sur de Florida requiere dedicación, pero las recompensas pueden ser significativas si se hace correctamente. Ya sea que elijas gestionar la propiedad tú mismo o delegar esa tarea a profesionales, la clave está en ser proactivo y estratégico. Con las herramientas adecuadas y un enfoque disciplinado, puedes asegurarte de que tu inversión, no solo genere ingresos, sino que también conserve su valor y te brinde seguridad a largo plazo. ¡Es hora de disfrutar de los frutos de tu esfuerzo y ver cómo tu inversión crece y se transforma en un activo aún más valioso!

Capítulo 5

Financiación sin fronteras: Consigue el capital y la visa perfecta para tus inversiones

Hasta ahora, hemos cubierto el terreno y tus opciones de inversión, pero la pregunta del millón es: ¿cómo financiamos todo esto y lo hacemos realidad? No te preocupes; aquí es donde la magia empieza a suceder, y vamos a desglosarlo juntos, de manera simple y fácil de entender. En este capítulo, exploramos las diversas formas de obtener financiamiento como inversionista extranjero. Sé que el proceso puede parecer un poco intimidante al principio, pero mi objetivo es que te sientas empoderado, con el conocimiento necesario para avanzar con confianza.

Desde hipotecas tradicionales hasta estrategias creativas de financiación, te mostraré opciones que pueden transformar tus posibilidades. Las hipotecas para extranjeros, por ejemplo, pueden parecer complicadas, pero con las guías adecuadas y el asesoramiento correcto, se convierten en herramientas poderosas que pueden ayudarte a adquirir propiedades sin tener que pagar todo de una sola vez. Hablaremos de los requisitos típicos, como los pagos iniciales y la documentación necesaria, para que sepas exactamente a qué atenerte.

Nota: Recuerda siempre consultar con un experto, dado que las leyes y regulaciones van cambiando constantemente.

Y si las hipotecas no encajan en tu plan, no te preocupes. También exploramos estrategias alternativas que pueden hacer que tu dinero trabaje para ti. Tal vez te interese usar tus activos en tu país de origen como garantía o, tal vez, prefieras asociarte con otros inversionistas para repartir los costos y los riesgos. Lo importante es que tengas opciones y que puedas elegir la que mejor se adapte a tu situación.

Te prometo que este capítulo no solo será una guía práctica, sino también un punto de transformación en tu camino como inversionista. Mi misión es descomponer los obstáculos financieros y convertirlos en oportunidades. Con ejemplos claros y recursos prácticos, quiero que te sientas listo para enfrentar cualquier desafío y convertirlo en un paso más hacia el éxito en el emocionante mercado del sur de Florida. ¡Vamos a explorar juntos las posibilidades y a dar vida a tus sueños de inversión!

1. Hipotecas para extranjeros

Estas son una de las opciones más populares y accesibles para financiar una propiedad en Florida, incluso si no eres residente de los Estados Unidos. Las hipotecas para extranjeros funcionan de manera similar a las hipotecas tradicionales, pero con ciertos requisitos adicionales debido a la falta de historial crediticio en el país.

- ¿En qué consiste?: Un banco o institución financiera te presta una cantidad de dinero para comprar la propiedad, y tú te comprometes a devolverlo con intereses a lo largo de un período definido, que puede ser de 15, 20 o 30 años.

La propiedad que compras sirve como garantía del préstamo.
- Documentos necesarios:
- Pasaporte válido

- Prueba de ingresos (esto puede incluir estados de cuenta bancarios de los últimos 6 a 12 meses)
- Prueba de activos en tu país de origen (como propiedades, inversiones o cuentas bancarias)
- Cartas de referencia de bancos internacionales con los que tengas relaciones financieras
- Historial de crédito internacional (si es posible)
- Entidades que proporcionan: Bancos internacionales y algunos bancos nacionales de EE. UU., bancos especializados en servicios a extranjeros.

2. Financiamiento privado

Otra opción viable es el financiamiento a través de prestamistas privados o firmas de inversión que se especializan en préstamos para extranjeros. Esto es ideal si no calificas para una hipoteca tradicional o si necesitas obtener fondos rápidamente.

- ¿En qué consiste?: Un prestamista privado (individual o empresa) te otorga un préstamo, generalmente a tasas de interés más altas que las de los bancos tradicionales, pero con un proceso de aprobación más flexible y rápido.

- Documentos necesarios:
- Prueba de ingresos y activos (similar a lo que exigen los bancos)
- Detalles de la propiedad que deseas comprar (evaluación de la propiedad)
- Plan de inversión o estrategia de salida, especialmente si es un préstamo a corto plazo
- Entidades que proporcionan: Firmas de inversión inmobiliaria, prestamistas privados locales y empresas de financiamiento alternativo, como Lending Homeo Lima One Capital.

3. Préstamos con garantía de activos internacionales

Si tienes activos en tu país de origen, como propiedades o inversiones, puedes usarlos como garantía para obtener un préstamo en EE. UU.

- ¿En qué consiste?: Se trata de un préstamo respaldado por tus activos internacionales, lo que le da más seguridad al prestamista. Es una excelente opción si prefieres no usar la propiedad que estás comprando como única garantía.
- Documentos necesarios:
- Documentación que demuestre la propiedad de tus activos (títulos de propiedad, extractos de cuentas de inversión, etc.)

- Avalúo o evaluación de los activos ofrecidos como garantía
- Prueba de ingresos y solvencia financiera
- Entidades que proporcionan: Bancos internacionales y ciertas instituciones financieras que operan en múltiples países.

4. Asociaciones con otros inversionistas

Otra estrategia es asociarte con otros inversionistas para compartir los costos y el financiamiento. Esto puede ser útil si deseas diversificar tu riesgo y capitalizar mayores oportunidades.

- ¿En qué consiste?: Formas una sociedad con otros inversionistas y juntas aportan los fondos necesarios para comprar y gestionar la propiedad. Los beneficios y los costos se dividen según los términos del acuerdo.
- Documentos necesarios:
- Contrato de asociación que especifique las responsabilidades, las inversiones y la división de las ganancias.
- Pruebas de fondos y activos para cada socio.
- Acuerdos legales y financieros que definan cómo se manejan las ganancias, los gastos y la posible venta de la propiedad.

- Entidades que proporcionan: Este tipo de financiamiento no lo proporcionan los bancos, pero se pueden gestionar a través de firmas de abogados o agentes inmobiliarios especializados en inversiones en grupo (cada vez más común).

Conclusión

Explorar las opciones de financiamiento puede parecer complicado al principio, pero con la información correcta y la documentación adecuada, estarás bien preparado para aprovechar las oportunidades inmobiliarias en el sur de Florida. Cada tipo de financiamiento tiene sus ventajas, y la clave está en elegir el que mejor se adapte a tus necesidades y objetivos de inversión. Asegúrate de consultar con un asesor financiero o hipotecario que tenga experiencia en trabajar con inversionistas extranjeros para que el proceso sea lo más fluido y eficiente posible. ¡Y recuerda, este paso puede ser la transformación que te lleve a alcanzar tus metas financieras!

Aquí tienes una guía clara y sencilla sobre las diferencias de financiamiento para diferentes tipos de propiedades en el sur de Florida. Entender estas diferencias te ayudará a elegir el tipo de financiamiento más adecuado para tu inversión, manteniendo un enfoque amigable y educativo.

1. Financiamiento para propiedades residenciales tradicionales

Este es el tipo de préstamo más común y accesible, ideal para quienes buscan comprar una vivienda familiar o un condominio.

• Condiciones generales: Las hipotecas residenciales tradicionales suelen ofrecer tasas de interés más bajas y períodos de pago de 15 a 30 años. Los pagos iniciales pueden variar desde el 5 % hasta el 20 % del precio de la propiedad, dependiendo de tu historial financiero y tu estatus como extranjero.

• Requisitos: Necesitarás proporcionar documentos como comprobantes de ingresos, historial crediticio (internacional si eres extranjero), y estados de cuenta bancarios. A los inversionistas extranjeros se les puede pedir un pago inicial más alto, generalmente entre el 30 % y el 40 %.

- **Entidades que ofrecen:** Bancos tradicionales, prestamistas internacionales

2. **Financiamiento para propiedades en preconstrucción**

Invertir en preconstrucción implica un enfoque diferente, ya que estás comprando una propiedad que aún no está terminada.

- **Condiciones generales:** Los desarrolladores suelen requerir pagos escalonados durante el período de construcción, como un 10 % en la reserva, 10 % al firmar el contrato, un 20 %-50 % durante la construcción, y el saldo final al cierre (hay muchas preconstrucción que dan la posibilidad de financiar el saldo al cierre). Las hipotecas tradicionales no siempre aplican hasta que la propiedad esté lista para ser habitada. También permiten pagos en efectivo.
- **Requisitos:** Un pago inicial más alto es común, ya que los bancos consideran estas inversiones más riesgosas. También es posible que necesites mostrar tu capacidad para financiar los pagos escalonados y tu solvencia general.
- **Entidades que ofrecen:** Los desarrolladores tienen acuerdos con prestamistas específi-

cos que están familiarizados con sus proyectos o puedes buscar financiamiento en bancos que ofrecen productos específicos para preconstrucción.

3. Financiamiento para propiedades comerciales

Las propiedades comerciales incluyen oficinas, locales comerciales y espacios industriales, y el financiamiento es más complejo.

- Condiciones generales: Los préstamos comerciales suelen tener tasas de interés más altas y períodos de pago más cortos, generalmente de 10 a 20 años. El pago inicial requerido puede oscilar entre el 25 % y el 40 %, dependiendo del tipo de propiedad y el flujo de ingresos proyectado.
- Requisitos: Aquí necesitarás demostrar el potencial de ingresos de la propiedad (como los alquileres previstos), además de presentar un plan de negocios si es necesario. Los prestamistas también evaluarán la ubicación y el tipo de negocio que ocupará el espacio.
- Entidades que ofrecen: Bancos comerciales y prestamistas privados especializados en Bienes Raíces comerciales.

4. Financiamiento para propiedades agrícolas

Invertir en tierras agrícolas requiere un tipo de financiamiento especializado, debido a los riesgos y características únicas del sector.

- Condiciones generales: Los préstamos agrícolas a menudo ofrecen términos personalizados que pueden incluir períodos de amortización más largos y opciones de pago estacionales, especialmente si los ingresos dependen de las cosechas. Las tasas de interés pueden ser competitivas, pero los pagos iniciales suelen ser altos, a partir del 30 % o más.

- Requisitos: Necesitarás presentar un plan agrícola detallado, demostrar la viabilidad del uso de la tierra, y en algunos casos, proporcionar información sobre tus antecedentes en agricultura o negocios relacionados. Los bancos también evaluarán los riesgos asociados con el clima y la ubicación de la propiedad.

- Entidades que ofrecen: Bancos agrícolas como Farm Credit of Florida y prestamistas especializados en financiamiento rural y agrícola.

Resumen de las diferencias claves

- Propiedades residenciales tradicionales: Tasas de interés más bajas, requisitos estándar y financiamiento a largo plazo.

- Preconstrucción: Pagos escalonados, opciones de financiamiento limitadas hasta la finalización y mayor pago inicial.
- Propiedades comerciales: Tasas más altas, períodos de pago más cortos y necesidad de demostrar ingresos proyectados.
- Propiedades agrícolas: Términos personalizados, pagos iniciales altos y necesidad de presentar planes agrícolas o de uso de la tierra.

Cada tipo de financiamiento tiene sus propios requisitos y desafíos. Al comprender estas diferencias, estarás mejor preparado para elegir la opción que mejor se adapte a tu estrategia de inversión y asegurar el éxito en el mercado inmobiliario del sur de Florida. ¡La clave está en planificar y buscar el mejor asesoramiento financiero para tu situación!

Las entidades financieras en Florida ofrecen diferentes montos mínimos de préstamo a inversionistas extranjeros, dependiendo del tipo de propiedad y las políticas específicas de cada institución. A continuación, se detallan las diferencias según el tipo de inversión:

1. **Propiedades residenciales tradicionales**
- Monto mínimo de préstamo: Generalmente, los bancos establecen un monto mínimo

que oscila entre $100 000 y $150 000 para hipotecas residenciales destinadas a extranjeros.

- Consideraciones: Estos montos pueden variar según la institución financiera y la ubicación de la propiedad. Es común que se requiera un pago inicial del 20 % al 30 % del valor de la propiedad.

2. Propiedades en preconstrucción

- Monto mínimo de préstamo: Debido a la naturaleza de estas inversiones, los montos mínimos suelen ser más elevados, a partir de $200 000.
- Consideraciones: Los desarrolladores pueden requerir pagos escalonados durante la construcción, y las opciones de financiamiento pueden ser limitadas hasta la finalización del proyecto.

3. Propiedades comerciales

- Monto mínimo de préstamo: Las instituciones financieras suelen establecer montos mínimos más altos, generalmente a partir de $500 000.
- Consideraciones: Se requiere demostrar el potencial de ingresos de la propiedad y, a menudo, un pago inicial del 25 % al 40 %.

4. Propiedades agrícolas

- Monto mínimo de préstamo: Los préstamos para tierras agrícolas pueden comenzar en $250 000, dependiendo del tamaño y ubicación de la propiedad.
- Consideraciones: Es necesario presentar un plan agrícola detallado y demostrar la viabilidad del uso de la tierra.

Es importante destacar que estos montos son aproximados y pueden variar según la entidad financiera, el perfil del inversionista y las características específicas de la propiedad. Se recomienda consultar directamente con las instituciones financieras para obtener información precisa y actualizada sobre los montos mínimos de préstamo y los requisitos asociados.

Tips

1. Cómo abrir una cuenta de cheques siendo inversionista extranjero

Abrir una cuenta de cheques en Estados Unidos es posible, incluso si no eres residente. Los bancos en Florida están acostumbrados a trabajar con inversionistas extranjeros y suelen tener procedimientos claros para este proceso.

Documentos necesarios

1. Pasaporte válido: Este es tu documento de identificación principal.
2. Prueba de domicilio internacional: Puedes presentar una factura de servicios públicos reciente, extractos bancarios o documentos oficiales que confirmen tu dirección en tu país de origen.
3. Número de identificación fiscal (ITIN): Si no tienes un número de Seguro Social (SSN), puedes solicitar un Número de Identificación Personal del Contribuyente (ITIN). Algunos bancos pueden permitirte abrir la cuenta sin él, pero es recomendable tenerlo.
4. Referencias bancarias: Algunos bancos pueden pedir cartas de referencia de tus bancos en el extranjero para confirmar tu historial financiero.
5. Propósito de la cuenta: Estar preparado para explicar que la cuenta se utilizará para gestionar inversiones inmobiliarias, pagos y gastos asociados con la propiedad.

Proceso

- Investiga bancos tradicionales que tienen experiencia trabajando con clientes internacionales.

- Visita la sucursal en persona para completar el proceso (algunos bancos requieren que estés físicamente presente) o, si es posible, consulta si tienen opciones para iniciar el trámite en línea.
- Asegúrate de preguntar sobre tarifas de mantenimiento y restricciones en transacciones internacionales.

1. Define tu objetivo de inversión y tipo de propiedad

Antes de lanzarte a comprar, es esencial que tengas claro tu objetivo. ¿Estás buscando una propiedad para generar ingresos de alquiler a corto plazo o prefieres una inversión que te ofrezca apreciación de valor a largo plazo? Aquí te doy algunos ejemplos:

- Inversiones de ingresos a corto plazo: Si quieres ingresos rápidos y frecuentes, podrías considerar propiedades de alquiler a corto plazo en áreas turísticas. Zonas como Miami Beach y Brickell suelen tener alta demanda, especialmente si permiten alquileres en plataformas como Airbnb.
- Inversiones a largo plazo: Si tu objetivo es que la propiedad se revalorice con el tiempo, una preconstrucción en un área en desarrollo

podría ser la opción ideal. Las zonas emergentes en Miami o Fort Lauderdale pueden ofrecer precios de entrada más bajos y apreciación en el futuro.

Conocer tu objetivo es clave para elegir la propiedad adecuada y prepararte para los riesgos y beneficios asociados.

2. Evaluación de riesgos: Riesgos comunes y cómo gestionarlos

Toda inversión tiene riesgos, pero entenderlos te ayuda a manejarlos mejor. Aquí algunos riesgos comunes en el mercado inmobiliario del sur de Florida y cómo abordarlos:

- Riesgo de desastres naturales: Como ya hemos hablado, Florida está en una zona propensa a huracanes. Para mitigar este riesgo, elige propiedades construidas bajo estándares resistentes y considera el costo del seguro contra huracanes en tu plan financiero.

- Riesgo de mercado: El valor de las propiedades puede fluctuar dependiendo de la economía y la demanda. Diversificar tus inversiones, por ejemplo, combinando propiedades de ingresos a corto plazo y propiedades de apreciación a largo plazo, puede ayudarte a reducir este riesgo.

- **Riesgo de vacancia en alquileres:** Si tu propiedad es para alquiler, existe el riesgo de que no siempre esté ocupada. Una buena forma de mitigar esto es elegir una ubicación con alta demanda y ajustar los precios competitivamente en temporadas bajas para mantener la ocupación.

Cada inversión tiene sus riesgos, pero con una planificación cuidadosa, puedes convertir estos desafíos en oportunidades para hacer crecer tu patrimonio.

3. Formas seguras para adquirir una propiedad como inversionista extranjero

Para proteger tu inversión y estructurar de forma segura, hay varias maneras de adquirir una propiedad en el sur de Florida. Aquí te explico algunas de las opciones más comunes y efectivas:

- **LLC (Limited Liability Company):** Formar una LLC es una estrategia popular para inversionistas extranjeros. Esta estructura limita tu responsabilidad personal, protegiendo tus bienes personales de demandas o problemas legales que puedan surgir con la propiedad. Además, una LLC puede ayudarte con la planificación fiscal, ya que puedes beneficiarte de ciertas deducciones. La LLC es una buena opción si planeas adquirir una propiedad comercial o de alquiler.

- Corporación (Corporation): Similar a la LLC, una corporación te permite separar tus bienes personales de la inversión. Sin embargo, las corporaciones pueden tener requisitos fiscales y de administración más complejos. Esta opción puede ser adecuada si tienes múltiples propiedades o planeas expandir tus inversiones en el mercado.

- Trust (Fideicomiso): Un trust es una herramienta eficaz para la planificación patrimonial. Al poner la propiedad en un trust, puedes designar beneficiarios y evitar el proceso de sucesión (probate) en caso de fallecimiento, lo que facilita la transferencia de la propiedad. Esta opción es ideal si deseas mantener el control y proteger la inversión para tus herederos.

- Joint Venture o asociación: Si prefieres diversificar y reducir tus riesgos, puedes asociarte con otros inversionistas en una Joint Venture o asociación. Esto te permite compartir el costo de la inversión, y en muchos casos, permite que cada inversionista aporte según sus fortalezas (financiamiento, administración, etc.). Es una excelente opción para proyectos grandes o si deseas compartir la gestión de la propiedad.

Cada estructura tiene sus ventajas, y la elección dependerá de tus necesidades, el tipo de propiedad y tu plan financiero a largo plazo. Consultar con un abogado y un contador con experiencia en inversiones extranjeras en Florida es fundamental para elegir la mejor opción y asegurarte de cumplir con las regulaciones.

4. Ejemplos prácticos de estrategias de inversión y creación de un plan financiero

Aquí tienes algunos ejemplos de cómo estructurar tu plan financiero según el tipo de propiedad:

- Ejemplo 1: Propiedad de alquiler a corto plazo

Supongamos que quieres comprar un condominio en una zona turística para alquileres tipo Airbnb. Tu plan financiero debería incluir una evaluación de costos de mantenimiento, el seguro contra huracanes y una reserva de fondos para los meses en los que la ocupación pueda ser baja. Además, considera la posibilidad de usar una LLC para protegerte de posibles demandas.

- Ejemplo 2: Inversión en preconstrucción para venta a largo plazo

Digamos que decides comprar una propiedad en preconstrucción en una zona emergente. Tu plan debería considerar el pago escalonado al desarrollador durante la construcción y evaluar el potencial de apreciación al momento de la entrega. En este caso, un trust podría ser útil para gestionar la propiedad si planeas dejarla en herencia a tus beneficiarios.

- Ejemplo 3: Propiedad comercial para ingresos estables

Si prefieres una propiedad comercial, como un espacio de oficinas, tu plan debe incluir un análisis detallado del flujo de caja, costos operativos y los gastos de renovación o personalización del espacio. Una LLC o corporación sería ideal para proteger tus bienes personales en caso de que surjan problemas legales con los inquilinos comerciales.

Tipos de visas para inversionistas extranjeros

Visas para inversionistas extranjeros: Tu puerta de entrada al mercado inmobiliario del sur de Florida

Si eres un inversionista extranjero interesado en el emocionante y lucrativo mercado inmobiliario del sur de Florida, es importante que comprendas qué tipos de visas pueden facilitar tu inversión y tus actividades en Estados Unidos. Aunque adquirir propiedades como extranjero es posible sin necesidad de una visa especial, tener el estatus migratorio adecuado puede abrirte más oportunidades para gestionar y expandir tu inversión de manera segura y legal. Aquí te explico, de forma amigable y educativa, las opciones de visas que podrías considerar.

1. Visa de turista (B-2)

La visa B-2 es una de las más comunes y permite a los extranjeros ingresar a Estados Unidos por razones turísticas, lo que incluye actividades como buscar propiedades, asistir a reuniones informativas o evaluar oportunidades de inversión. Sin embargo, hay algo importante que debes tener en cuenta: esta visa no te permite gestionar activamente una propiedad ni participar en actividades comerciales que generen ingresos dentro del país. Es perfecta si deseas explorar el mercado inmobiliario o asistir a eventos, pero no es suficiente para operar un negocio relacionado con Bienes Raíces.

2. Visa de negocios (B-1)

La visa B-1 está destinada a actividades comerciales de corta duración, como asistir a conferencias, negociar contratos o realizar estudios de mercado. Como inversionista inmobiliario, esta visa puede ser útil si necesitas venir a Estados Unidos para realizar investigaciones, cerrar un trato o participar en reuniones de negocios. Al igual que la B-2, no permite la gestión activa de propiedades ni la generación de ingresos. En otras palabras, puedes planificar y negociar, pero no puedes operar o administrar directamente una propiedad.

3. Visa de inversionista por tratado (E-2)

Aquí es donde las cosas se vuelven interesantes para los inversionistas serios. La visa E-2 está disponible para ciudadanos de países que tienen tratados de comercio y navegación con Estados Unidos. Te permite vivir y trabajar en el país si haces una inversión sustancial en una empresa activa y operativa. Eso sí, la inversión debe ser significativa y no simplemente la compra de propiedades para alquiler pasivo; por ejemplo, establecer una empresa de gestión inmobiliaria o un proyecto de desarrollo de Bienes Raíces podría calificar. La E-2 es una gran opción si deseas involucrarte más directamente en el mercado inmobiliario y expandir tus oportunidades de negocio en Florida.

4. Visa de inmigrante inversionista (EB-5)

La visa EB-5 es ideal para aquellos que planean realizar una inversión significativa y crear empleos en Estados Unidos. Para calificar, debes invertir en una nueva empresa comercial que genere al menos 10 empleos a tiempo completo para trabajadores estadounidenses. La inversión mínima requerida generalmente varía entre $800 000 y $1 000 000, dependiendo de la ubicación del proyecto. Este programa es perfecto si estás interesado en proyectos de desarrollo a gran escala, como complejos residenciales o comerciales. La ventaja de la EB-5 es que también puede llevar a la residencia permanente, lo que la convierte en una opción atractiva para inversionistas a largo plazo.

Consideraciones claves para inversionistas extranjeros

- Asesoría legal y financiera: Antes de decidir qué visa es la mejor para ti, es fundamental que consultes con un abogado de inmigración y un asesor financiero. Ellos podrán guiarte a través de los detalles específicos y ayudarte a estructurar tu inversión de la manera más efectiva.
- Cumplimiento legal: Asegúrate de cumplir con todas las regulaciones de inmigración y las leyes locales de Bienes Raíces. Esto no solo protegerá tu inversión, sino que también garantizará que operes de manera legal y segura.
- Implicaciones fiscales: Invertir en Bienes Raíces en Estados Unidos puede tener consecuencias fiscales tanto aquí como en tu país de origen. Tener un plan fiscal adecuado es crucial para maximizar tus beneficios y minimizar tus obligaciones. Habla con tu contador especialista en Bienes Raíces

Conclusión

Elige la visa que se alinee con tus metas

El sur de Florida es un lugar increíble para invertir, pero es importante hacerlo con el estatus migratorio correcto que se adapte a tus objetivos y necesidades. Desde explorar oportunidades con una visa B-2 hasta establecer una empresa activa con una visa E-2 o invertir a gran escala con una EB-5, hay opciones para todos los tipos de inversionistas. Tomar las decisiones correctas desde el principio te permitirá navegar el proceso con tranquilidad y seguridad, enfocándote en lo que realmente importa: hacer crecer tu inversión en uno de los mercados inmobiliarios más vibrantes del mundo. ¡Este es el primer paso hacia el éxito financiero en Florida!

Capítulo 6

Guía legal para el inversionista internacional en Florida: Protege y potencia tu inversión con confianza Aspectos legales y regulaciones básicas

Invertir en otro país es una aventura emocionante, llena de posibilidades y nuevas oportunidades, pero también implica una gran responsabilidad. Es como lanzarse a explorar un territorio desconocido: necesitas un mapa que te guíe y te muestre cada paso para que puedas avanzar con seguridad. En el sur de Florida, ese "mapa" está compuesto por las leyes y regulaciones que protegen y afectan a los inversionistas extranjeros, y es fundamental conocerlas bien para que tu experiencia sea positiva y transformadora.

En este capítulo, vamos a explicarte de manera clara y sencilla todas esas normativas legales que podrían parecer complicadas a primera vista. Hablaremos de los impuestos sobre la propiedad, los acuerdos internacionales que muchos países tienen para efectos tributarios (abogados y contadores especializados en la materia) y otros aspectos que pueden influir en tus inversiones. Pero no te preocupes: nuestro objetivo no es abrumarte con términos técnicos, sino darte las herramientas necesarias para que tomes decisiones informadas y seguras.

Piensa en esto como un curso intensivo de lo que realmente necesitas saber para que nada te tome por sorpresa. Queremos que sientas que tienes el control, que puedes moverte con confianza en este mercado lleno de oportunidades, y que cada decisión que tomes esté respaldada por el conocimiento adecuado. Imagina la tranquilidad de saber que entiendes el panorama legal y que estás preparado para proteger y hacer crecer tu inversión de manera inteligente.

Así que no solo te daremos la información que necesitas, te la explicaremos de forma que puedas comprenderla de inmediato y usarla a tu favor. Porque al final, invertir no es solo un acto financiero, es una transformación que te permite crear un futuro más sólido y seguro.

Queremos que te sientas empoderado y listo para aprovechar al máximo todo lo que el sur de Florida tiene para ofrecer, sin sorpresas desagradables y con la confianza de que estás haciendo lo correcto. ¡Vamos juntos en este viaje hacia el éxito!

Aquí te explico los aspectos legales, leyes y regulaciones básicas que un inversionista debe conocer para invertir con éxito en el estado de Florida de manera amigable y profesional:

1. Impuesto sobre la propiedad

En Florida, los propietarios de Bienes Raíces deben pagar un impuesto anual sobre la propiedad basado en el valor tasado de su inmueble. Las tasas varían según la ubicación y se utilizan para financiar servicios locales como escuelas y seguridad. Es importante tener en cuenta estos impuestos al calcular la rentabilidad de tu inversión.

2. Impuesto sobre las ganancias de capital

Si decides vender una propiedad y obtienes una ganancia, estarás sujeto a un impuesto sobre las ganancias de capital. Para los inversionistas extranjeros, esto puede implicar impuestos adicionales bajo la Ley de Inversión

Extranjera en Bienes Inmuebles (FIRPTA). FIRPTA retiene un porcentaje de la venta para asegurarse de que los impuestos sean pagados. Consultar con un asesor fiscal es fundamental para entender cómo se aplican estas retenciones y maximizar tus ganancias.

¿Qué es FIRPTA?

La Ley de Inversión Extranjera en Bienes Inmuebles de los Estados Unidos, conocida como FIRPTA (Foreign Investment in Real Property Tax Act), es una normativa que afecta a los inversionistas extranjeros que venden Bienes Raíces en los Estados Unidos. Esta ley fue creada para garantizar que el gobierno de EE. UU. pueda recaudar impuestos sobre las ganancias de capital obtenidas por extranjeros cuando venden propiedades en el país.

¿Cómo funciona FIRPTA?

Cuando un extranjero vende una propiedad en los Estados Unidos, FIRPTA exige que se retenga un porcentaje del precio de venta, no de la ganancia, sino del precio total. Este dinero se retiene y se envía al Servicio de Impuestos

Internos (IRS) como una forma de asegurar que el vendedor extranjero pague los impuestos correspondientes a la transacción.

- Porcentaje de retención: Generalmente, el porcentaje de retención es del 15 % del precio de venta bruto de la propiedad. Por ejemplo, si vendes una casa por $500 000, $75 000 (15 %) se retendrán y se enviarán al IRS. Esto no es el impuesto final que pagarás, sino una retención que garantiza que se cumplan las obligaciones fiscales.
- Importante saber: El porcentaje de retención puede variar dependiendo de ciertos factores, como si el comprador planea usar la propiedad como residencia principal. En algunos casos específicos, la retención puede ser del 10 % o, incluso, se puede eximir, pero esto depende de la situación y debe analizarse con un profesional.

¿Es la retención el impuesto final?

No. Es importante entender que esta retención no es el impuesto definitivo que debes pagar. Es simplemente una medida de seguridad para el gobierno de EE. UU. Como vendedor extranjero, debes presentar una declaración de impuestos ante el IRS para calcular el impuesto real sobre las ganancias de capital y determinar si debes más o si puedes obtener un reembolso de parte de la retención.

¿Hay excepciones a FIRPTA?

Sí, hay algunas excepciones y situaciones en las que el porcentaje de retención puede reducirse o eliminarse:

1. Uso como residencia principal por el comprador: Si la propiedad se vende por menos de $300 000 y el comprador tiene la intención de usarla como su residencia principal (al menos durante la mitad del tiempo en un período de dos años), la retención puede no ser necesaria.

2. Solicitud de reducción de retención: Si crees que la cantidad retenida será mucho mayor que tu obligación fiscal real, puedes solicitar una reducción de la retención al IRS. Para hacer esto, es necesario presentar ciertos formularios y documentos antes de la venta o poco después.

¿Por qué FIRPTA es importante para los inversionistas extranjeros?

FIRPTA puede tener un gran impacto en tus inversiones inmobiliarias, especialmente en términos de flujo de efectivo y planificación fiscal. Si no comprendes esta ley, podrías enfrentarte a retenciones inesperadas que afectan tus finanzas. Por eso, es fundamental planificar con un asesor fiscal o un abogado especializado en transacciones internacionales para asegurarte de que entiendes tus obligaciones y opciones bajo FIRPTA.

Conclusión

FIRPTA es una herramienta que protege al gobierno de EE. UU. para asegurarse de que los inversionistas extranjeros cumplan con sus responsabilidades fiscales al vender Bienes Raíces en el país.

Leyes y regulaciones

3. Ley de regulaciones de zonas y uso de suelo:

Florida tiene regulaciones específicas sobre cómo se pueden usar las propiedades en diferentes áreas. Por ejemplo, algunas zonas están diseñadas solo para uso residencial, mientras que otras permiten desarrollos comerciales. Antes de invertir, es crucial verificar las regulaciones de zonificación para asegurarte de que el uso de la propiedad se ajuste a tus planes de inversión. Esto te protegerá de posibles problemas legales y te ayudará a planificar mejor tu inversión.

4. Ley de protección contra desastres naturales:

Dado que Florida es propensa a huracanes, las leyes exigen que las propiedades cumplan con ciertos estándares de construcción para resistir el clima extremo. Esto puede incluir ventanas de impacto y techos reforzados. Además, es altamente recomendable adquirir un seguro contra huracanes para proteger tu inversión. Saber cómo las regulaciones de construcción afectan las propiedades te ayudará a hacer compras más seguras.

5. Ley de condominios y asociaciones de propietarios (HOA):

Si estás pensando en invertir en un condominio o en una comunidad con una asociación de propietarios (HOA), debes conocer las reglas y tarifas asociadas. Estas asociaciones a menudo tienen normas sobre el mantenimiento, el alquiler de la propiedad y las cuotas mensuales que debes pagar. Es esencial revisar las reglas y entender las implicaciones financieras antes de cerrar un trato.

6. Arrendamientos y derechos de los inquilinos:

Si planeas alquilar tu propiedad, Florida tiene leyes específicas que protegen tanto a los propietarios como a los inquilinos. Estas leyes regulan los depósitos de seguridad, el proceso de desalojo y los derechos de mantenimiento. Comprender estas regulaciones puede evitarte problemas legales y ayudarte a gestionar tu propiedad de manera eficiente.

7. Ley de divulgación del vendedor

Cuando un vendedor pone una propiedad en venta en Florida, está obligado por ley a revelar cualquier problema material que pueda afectar el valor o la habitabilidad de la propiedad. Esto se conoce como la Ley de Divulgación del Vendedor, y es un paso crucial en cualquier transacción de Bienes Raíces.

• ¿Qué significa esto?: El vendedor debe informar a los posibles compradores sobre problemas importantes, como daños por agua, problemas eléctricos, moho o infestaciones de plagas, siempre y cuando los conozca. La idea es que el comprador tenga un entendimiento completo del estado de la propiedad antes de cerrar el trato.

• ¿Cómo protege esto al comprador?: Esta ley ayuda a prevenir sorpresas desagradables después de la compra. Por ejemplo, si compras una casa y descubres que el techo tiene goteras graves, pero el vendedor no lo reveló, podrías tener derecho a buscar compensación legal.

• Consejo para inversionistas: Siempre realiza una inspección profesional y asegúrate de que el vendedor haya proporcionado todas las divulgaciones necesarias por escrito.

8. Leyes de arrendamiento y propiedad de alquiler de corto plazo

Si planeas alquilar tu propiedad en Florida, ya sea a largo o corto plazo, es fundamental que conozcas las leyes de arrendamiento y las regulaciones específicas para alquileres de corto plazo, como los alquileres tipo Airbnb.

- Arrendamiento a largo plazo: Los contratos de arrendamiento en Florida deben ser claros y detallados, estableciendo las responsabilidades tanto del propietario como del inquilino. Las leyes protegen a los inquilinos de desalojos injustos y exigen que los propietarios mantengan la propiedad en condiciones habitables. Si planeas alquilar a largo plazo, asegúrate de tener un contrato por escrito que cumpla con las leyes estatales.

- Alquiler de corto plazo: Las leyes que regulan los alquileres de corto plazo pueden variar según la ciudad o condado. En algunas áreas, los alquileres de corto plazo están permitidos, mientras que, en otras, hay restricciones o requisitos de licencia específicos. Además, algunas comunidades de condominios o asociaciones de propietarios pueden prohibir o limitar este tipo de alquileres.

- Consejo para inversionistas: Verifica las leyes locales y consulta con un abogado especializado para asegurarte de que tu estrategia de alquiler cumpla con todas las normativas.

9. Ley de asesoramiento para el seguro de la propiedad

Florida es conocida por su clima soleado, pero también por su riesgo de huracanes. Es por eso por lo que la ley exige que los compradores de Bienes Raíces reciban asesoramiento sobre el seguro de propiedad, especialmente si están en una zona de riesgo de inundaciones.

- ¿Qué implica esta ley?: Los vendedores o sus agentes deben informar a los compradores sobre la importancia de obtener un seguro adecuado para proteger la propiedad contra riesgos como huracanes, inundaciones y otros desastres naturales. También se debe divulgar si la propiedad se encuentra en una zona de inundación designada.

- Importancia del seguro de la propiedad: Tener el seguro adecuado puede marcar la diferencia en caso de un desastre. Los seguros contra huracanes y de propiedad pueden ser costosos, pero son esenciales para proteger tu inversión.

- Consejo para inversionistas: Consulta con un agente de seguros especializado en propiedades de Florida para obtener la mejor cobertura y entender los costos asociados.

10. Ley de Derecho de Preferencia

Esta ley se refiere al derecho de una persona o entidad (como una asociación de propietarios) a tener la primera oportunidad de comprar una propiedad antes de que el vendedor pueda aceptar una oferta de otra parte.

- ¿Cómo funciona?: Si una propiedad se encuentra en una comunidad con una asociación de propietarios (HOA), esta puede tener el derecho de igualar cualquier oferta que el propietario reciba antes de vender a un tercero. Esto se conoce como el Derecho de Preferencia.

- Ejemplo práctico: Imagina que estás vendiendo un condominio en una comunidad con un HOA que tiene este derecho. Si recibes una oferta de un comprador externo, el HOA tiene el derecho de igualar esa oferta y comprar la propiedad en lugar de permitir que el comprador externo la adquiera.

- Consejo para inversionistas: Antes de comprar en una comunidad con un HOA, verifica si esta ley aplica y cómo podría afectar tu capacidad para vender la propiedad en el futuro.

11. Ley de Conversión de Condominio

La conversión de propiedades existentes en condominios en Florida está regulada por leyes específicas que buscan proteger los derechos de los inquilinos y asegurar la transparencia en el proceso. A continuación, se detallan los aspectos clave de estas regulaciones:

1. Notificación a inquilinos: Los inquilinos deben recibir una notificación formal de la intención de convertir la propiedad en un condominio. Esta notificación debe proporcionarse con al menos 120 días de anticipación antes de que se les solicite desocupar la unidad. Durante este período, los inquilinos tienen el derecho de permanecer en la propiedad bajo las mismas condiciones de su contrato de arrendamiento.

2. Derecho de primera opción: Los inquilinos actuales tienen el derecho preferencial de comprar su unidad antes de que se ofrezca a otros compradores. Este derecho debe ejercerse dentro de los primeros 45 días después de recibir la notificación de conversión.

3. Divulgación de información: Es obligatorio proporcionar a los inquilinos y posibles compradores un informe detallado que incluya:
- Descripción de las condiciones físicas de la propiedad.

- Información sobre las reservas financieras para mantenimiento y reparaciones futuras.
- Detalles sobre las áreas comunes y las instalaciones disponibles.

4. Inspecciones y reparaciones: Antes de la conversión, se requiere una inspección por parte de un ingeniero o arquitecto certificado para evaluar la integridad estructural y el cumplimiento con los códigos de construcción vigentes. Cualquier deficiencia identificada debe ser corregida antes de completar la conversión.

5. Garantías: Los desarrolladores deben proporcionar garantías específicas sobre las áreas comunes y los sistemas principales de la propiedad, asegurando su buen funcionamiento por un período determinado después de la conversión.

Estas regulaciones están diseñadas para garantizar que las conversiones de condominios se realicen de manera justa y transparente, protegiendo tanto a los inquilinos actuales como a los futuros propietarios. Para obtener información más detallada y actualizada, se recomienda consultar el capítulo 718 de los Estatutos de Florida, que aborda las leyes relacionadas con los condominios.

Conocer estas leyes y regulaciones te permite moverte con confianza en el mercado inmobiliario de Florida. Aunque puede parecer complicado al principio, tener esta información a tu disposición te prepara para tomar decisiones seguras y bien fundamentadas. ¡Así podrás disfrutar del proceso de inversión y aprovechar al máximo las oportunidades que este increíble estado tiene!

12. ¿Cómo funciona la Ley de Intercambio 1031?

En un intercambio 1031, el dueño de una propiedad utiliza los fondos de una venta para comprar una propiedad similar sin tener que pagar impuestos sobre las ganancias de capital.

La sección 1031 del <u>Código de Rentas Internas de los EE. UU.</u> (IRC por sus siglas en inglés), dicta las reglas que los inversionistas de Bienes Raíces deben observar, para obtener el aplazamiento de impuestos a través del intercambio de inmuebles.

Los intercambios 1031 (o intercambios de impuestos diferidos), ofrecen una serie de ventajas para ciertas inversiones de bienes inmuebles.

Sin embargo, como es el caso en muchas desgravaciones fiscales, los requisitos para un intercambio 1031 son estrictos y las sanciones pueden ser significativas si no se cumplen las reglas al pie de la letra.

Antes de iniciar un intercambio 1031, es buena idea contratar los servicios de un <u>abogado con experiencia en Bienes Raíces</u>.

Nota: Siempre se sugiere obtener asesoría especializada en cada uno de los temas específicos. También hay que recordar que estas leyes pueden ir variando por lo que es importante mantenerse informado periódicamente.

Capítulo 7

LOS MITOS QUE SABOTEAN TU INVERSIÓN: CÓMO EVITAR LOS ERRORES MÁS COMUNES

Mitos y errores comunes que debes evitar al invertir en el sur de Florida

Invertir en el mercado inmobiliario del sur de Florida es emocionante y ofrece muchas oportunidades, pero hay ciertos mitos y errores que pueden hacer que tu experiencia no sea tan exitosa como podría ser.

En este capítulo, desglosaré algunos de los conceptos erróneos y malas decisiones más comunes que cometen los inversionistas, y te explicaré cómo evitarlos para maximizar tu potencial de éxito.

1. Mito: "Siempre es mejor comprar en las zonas más populares"

Es fácil dejarse llevar por el atractivo de lugares como Miami Beach o Brickell. Después de todo, son áreas conocidas por su estilo de vida vibrante y preciosas vistas al mar. Pero la realidad es que invertir en las zonas más populares no siempre es la mejor estrategia. Estas áreas pueden tener precios inflados y menor potencial de apreciación en comparación con vecindarios emergentes, donde los precios de entrada son más bajos y el potencial de crecimiento es mucho mayor. Investiga las áreas en desarrollo, como Wynwood o Little River, que podrían ofrecerte un retorno de inversión más atractivo en el futuro.

2. Error: No realizar una inspección de la propiedad

Puede que la propiedad de tus sueños se vea perfecta a simple vista, pero nunca subestimes el valor de una inspección profesional. Un error común es omitir este paso y descubrir después problemas estructurales, daños ocultos por agua o sistemas eléctricos defectuosos que pueden costarte miles de dólares en reparaciones. Hacer una inspección detallada antes de cerrar el trato te dará la tranquilidad de saber exactamente en qué estás invirtiendo y te ayudará a evitar sorpresas costosas.

3. Mito: "No necesito un agente inmobiliario puedo hacerlo todo solo"

Con la cantidad de información disponible en línea, es tentador pensar que puedes manejar todo el proceso de compra por tu cuenta. Sin embargo, un agente inmobiliario con experiencia en el sur de Florida es un recurso invaluable, especialmente si eres un inversionista extranjero. Un buen agente conoce las regulaciones locales, tiene acceso a listados exclusivos y puede ayudarte a negociar el mejor precio. Intentar hacerlo solo puede parecer una buena idea para ahorrar dinero, pero a menudo resulta en decisiones menos informadas y oportunidades perdidas.

4. Error: No considerar los costos de propiedad a largo plazo

Muchos inversionistas se enfocan solo en el precio de compra y se olvidan de los gastos a largo plazo, como los impuestos sobre la propiedad, el seguro (particularmente el seguro contra huracanes), las tarifas de asociación y el mantenimiento general. Estos costos pueden sumarse rápidamente y afectar tu flujo de caja y rentabilidad. Antes de hacer una oferta, asegúrate de calcular todos estos gastos para tener una idea clara de tus ganancias netas.

5. Mito: "Siempre puedo alquilar mi propiedad rápidamente y a una alta tarifa" El sur de Florida es un destino turístico y un lugar donde la gente quiere vivir, pero eso no significa que siempre podrás alquilar tu propiedad de inmediato y por el precio que deseas. La demanda de alquileres puede ser estacional y competitiva, especialmente en áreas donde hay muchas opciones similares. Tener un plan de contingencia para cubrir tus gastos si la propiedad no se alquila tan rápido o por el precio que esperabas es fundamental para evitar problemas financieros.

6. Error: No entender las regulaciones de alquiler a corto plazo

Si estás pensando en usar tu propiedad para alquileres a corto plazo, como en Airbnb, es esencial conocer las leyes locales. Algunas ciudades y comunidades tienen regulaciones estrictas o incluso prohíben este tipo de alquileres. Ignorar estas reglas puede resultar en multas elevadas o restricciones legales que afecten tu plan de inversión. Antes de comprar, asegúrate de que tu propiedad esté en un área donde los alquileres a corto plazo estén permitidos y que cumples con todos los requisitos.

7. Mito: "La temporada de huracanes no es algo de lo que preocuparse"

El clima soleado del sur de Florida es un gran atractivo, pero la temporada de huracanes (de junio a noviembre) es algo que no puedes ignorar. No tener un plan para proteger tu propiedad durante estas tormentas puede ser un error costoso. Asegúrate de que la propiedad está construida con estándares resistentes a huracanes y calcula el costo del seguro contra desastres en tu presupuesto. Prepararte adecuadamente puede proteger tu inversión y darte tranquilidad.

8. Error: No diversificar tu estrategia de inversión

Poner todos tus huevos en una sola canasta, como invertir en un solo tipo de propiedad o en una sola ubicación, puede ser arriesgado. Si el mercado de esa área se desacelera o enfrenta problemas, podrías perder una parte importante de tu inversión. Considera diversificar en diferentes tipos de Bienes Raíces (residencial, comercial o, incluso, agrícola) o en distintas áreas para protegerte de las fluctuaciones del mercado y aumentar tus oportunidades de éxito.

Conclusión

El sur de Florida es un mercado lleno de oportunidades, pero también tiene sus desafíos. Evitar estos mitos y errores comunes te pone un paso más cerca del éxito y te ayuda a proteger tu inversión. Con la preparación adecuada, un equipo de profesionales confiables y una estrategia bien pensada, estarás mejor equipado para aprovechar todo lo que este emocionante mercado tiene para ofrecer. ¡Recuerda, el conocimiento es poder, y estar informado es tu mejor herramienta para transformar tus inversiones en éxitos duraderos!

Capítulo 8

Transforma tu visión en realidad: Conclusión y claves para el éxito inmobiliario

Hemos recorrido un largo camino juntos. Desde entender las complejidades del mercado inmobiliario del sur de Florida hasta conocer los secretos para proteger y maximizar tu inversión, te has equipado con las herramientas necesarias para dar un paso firme hacia tu futuro como inversionista extranjero. Y no es solo un viaje de conocimiento; es el comienzo de una transformación que cambiará cómo piensas sobre el éxito financiero y tu plan de retiro.

Pero quiero que recuerdes algo muy importante: no estás solo en este camino. Yo, Claudia Montenegro Starocelsky, estoy aquí para ayudarte a convertir estas ideas en acciones concretas y rentables. Mi compromiso como asesora en Bienes Raíces va más allá de solo ayudarte a cerrar una transacción. Mi misión es apoyarte en cada etapa, asegurando que te sientas seguro y confiado en cada decisión que tomes.

Reafirmando los puntos claves

1. **El poder del conocimiento:** Hemos aprendido que invertir en un país extranjero no es una tarea sencilla, pero con la información correcta y una estrategia bien pensada, las oportunidades son ilimitadas. Conocer las leyes, las mejores áreas para invertir, y cómo manejar tus impuestos y costos es esencial para asegurar el éxito.

2. **Maximizar tus ingresos:** Ya sabes que hacer tu inversión rentable no es cuestión de suerte. Se trata de tomar decisiones informadas, cómo elegir el tipo de propiedad correcto (ya sea residencial, comercial o de alquiler a corto plazo), implementar estrategias de administración efectivas y optimizar los ingresos mediante ajustes de precios y mejoras inteligentes.

3. **Proteger tu inversión a largo plazo:** Proteger el valor de tu propiedad requiere un enfoque proactivo: mantenerla en buen estado, tener el seguro adecuado, y trabajar con profesionales que te ayuden a manejar cualquier situación inesperada.

4. **Formar un equipo de expertos:** Nada se compara con tener un equipo sólido a tu lado, desde abogados y contadores hasta administradores de propiedades y, por supuesto, un agente de Bienes Raíces como yo. Tu éxito es un esfuerzo conjunto, y quiero que sientas que siempre tienes a alguien en quien confiar.

Tu plan de acción para el éxito

Quiero que salgas de aquí con un plan de acción sencillo y claro para que comiences tu viaje como inversionista con confianza:

1. **Define tus objetivos:** Piensa en lo que quieres lograr con tu inversión. ¿Estás buscando ingresos pasivos, diversificación de tu portafolio o un plan de retiro? Tener claridad te ayudará a tomar decisiones que se alineen con tus metas.

2. **Haz tu tarea:** Investiga las áreas que más te interesen, ya sea Miami, Fort Lauderdale, to Palm Beach. Estudia las tendencias del mercado y haz preguntas. Como tu agente de Bienes Raíces, estaré encantada de compartir mis conocimientos locales y ayudarte a identificar las mejores oportunidades.

3. **Arma tu equipo de confianza:** Reúne a tu equipo de profesionales: un abogado, un contador especializado en inversiones extranjeras, y un administrador de propiedades si lo necesitas. Y recuerda, yo estaré a tu lado para guiarte y asegurarme de que todo se gestione de manera eficiente.

4. **Haz el movimiento:** Una vez que te sientas preparado, da el salto. Confía en que las decisiones que tomes, con el conocimiento y el apoyo adecuado, te llevarán hacia tu éxito. Si surgen desafíos, recuerda que cada obstáculo es una oportunidad para aprender y mejorar.

Una relación que va más allá de la venta

Invertir en Bienes Raíces en un mercado como el del sur de Florida es un viaje emocionante, lleno de posibilidades. Y como tu asesor en Bienes Raíces, mi objetivo no es solo cerrar una transacción, sino asegurarme de que cada inversión que hagas sea un paso hacia un futuro mejor. Mi compromiso es trabajar contigo de manera personalizada, utilizando mi conocimiento y experiencia para guiarte en el proceso.

Sé que invertir en otro país puede parecer abrumador, pero también sé que, con la preparación correcta y el equipo adecuado, puedes convertirlo en una experiencia enriquecedora y satisfactoria. Quiero que confíes en que te brindaré un servicio de calidad, basado en confianza, compromiso y una verdadera pasión por ayudarte a alcanzar tus metas y tu transformación.

Cerrando con inspiración

Imagina por un momento el futuro que puedes construir. Visualiza tu inversión trabajando para ti, generando ingresos y creando un legado financiero para tu familia. Este es solo el comienzo de un viaje emocionante, y estaré orgullosa de ser parte de tu historia.

Gracias por tomarte el tiempo de invertir en tu conocimiento y dar este importante paso hacia tu éxito. Me llena de entusiasmo por poder ser, yo, Claudia Montenegro Starocelsky, quien te guíe en este camino. ¡Estoy emocionada de ayudarte a hacer realidad tus sueños de inversión en el sur de Florida y de ver cómo tu éxito se transforma y crece con cada decisión que tomes! Felicidades por tu compromiso y dedicación; ahora es tu turno de brillar y conquistar este mercado con seguridad y visión. Te invito a que confíes en mí para acompañarte en esta poderosa toma de acción.

Claudia Montenegro

📷 @claudiamontenegro.realtor

f claudiamontenegrorealtor

in www.linkedin.com/in/claudia-montenegro
(Claudia Montenegro)

♪ @claudia1541971

▶ @ClaudiaMontenegroMiami

Bibliografia

1. National Association of Realtors (NAR)
- Sitio web: www.nar.realtor
- Proporciona información detallada sobre tendencias del mercado, informes de ventas de viviendas, y recursos educativos para profesionales inmobiliarios en EE.UU.

2. Florida Realtors
- Sitio web: www.floridarealtors.org
- Es una fuente confiable para datos y análisis específicos del mercado de Florida, incluyendo informes de mercado de condados y ciudades, y guías para inversionistas en el estado.

3. U.S. Department of Housing and Urban Development (HUD)
- Sitio web: www.hud.gov
- Ofrece información sobre políticas de vivienda, datos sobre precios de vivienda, y programas de financiamiento accesibles para compradores e inversionistas.

4. Miami-Dade County Property Appraiser
- Sitio web: www.miamidade.gov/pa
- Aquí puedes obtener información de valoraciones de propiedades en el condado de Miami-Dade, una herramienta útil para inversionistas que evalúan propiedades residenciales y comerciales.

5. Zillow Research
- Sitio web: www.zillow.com/research
- Ofrece informes de mercado, proyecciones de precios y análisis de tendencias que cubren áreas específicas de Florida y el resto de EE.UU.

6. Redfin Data Center
- Sitio web: www.redfin.com/news/data-center
- Proporciona datos sobre precios de viviendas, demanda de compradores y estadísticas de ventas por región que pueden ayudar a los inversionistas a tomar decisiones informadas.

7. Florida Department of Business and Professional Regulation (DBPR)
- Sitio web: www.myfloridalicense.com
- Aquí puedes obtener información sobre requisitos legales y regulatorios para licencias en Bienes Raíces en Florida.

8. Federal Reserve Economic Data (FRED)
- Sitio web: fred.stlouisfed.org
- Proporciona datos económicos relevantes como tasas de interés y estadísticas de empleo, que impactan directamente el mercado inmobiliario.

9. Investopedia (Real Estate Section)
- Sitio web: www.investopedia.com/real-estate-4427765
- Ofrece recursos educativos sobre conceptos financieros e inmobiliarios, incluidos artículos y guías para inversionistas principiantes y avanzados.

10. Tax Foundation
- Sitio web: www.taxfoundation.org
- Para información sobre impuestos a la propiedad, tasas y otras consideraciones fiscales importantes en la inversión inmobiliaria en EE.UU. y Florida.

11. LoopNet (para propiedades comerciales)
- Sitio web: www.loopnet.com
- Plataforma para la búsqueda de propiedades comerciales, con análisis de mercado y datos sobre el valor de propiedades comerciales en Florida.

12. Miami Association of Realtors
- Sitio web: www.miamirealtors.com
- Fuente de datos del mercado inmobiliario específico de Miami, incluyendo estadísticas de ventas y tendencias para propiedades en el sur de Florida.

13. U.S. Census Bureau
- Sitio web: www.census.gov

- Proporciona datos demográficos y económicos detallados, fundamentales para entender el crecimiento y las tendencias poblacionales en áreas específicas de Florida.

14. Property Shark
- Sitio web: www.propertyshark.com
- Ofrece análisis de propiedades y datos de ventas, mapas de valoraciones de propiedades y registros públicos útiles para la toma de decisiones de inversión.

15. Forbes Real Estate
- Sitio web: www.forbes.com/real-estate
- Contiene artículos y análisis de expertos en tendencias del mercado inmobiliario, ideal para obtener perspectivas sobre inversiones en Bienes Raíces de lujo y estrategias de alto impacto.

16. U.S. Citizenship and Immigration Services (USCIS)
- Sitio web: www.uscis.gov
- Información sobre visas EB-5 y otros programas para inversionistas extranjeros interesados en obtener residencia en EE.UU. a través de inversiones inmobiliarias.

Tareas

¡**E**s hora de dar el primer paso hacia tu sueño inmobiliario!

Imagina el momento en el que cruzas la puerta de tu primera inversión inteligente, sabiendo que cada decisión fue cuidadosamente guiada, cada paso dado con propósito y cada duda respondida con claridad. Eso es lo que te ofrezco: más que un servicio, una alianza para transformar tus sueños en logros.

Soy Claudia Montenegro, especialista en inversiones inmobiliarias, y estoy aquí para acompañarte con dedicación, profesionalismo y un enfoque 100% personalizado. No importa si es tu primera vez juntos convertiremos esta experiencia en una de las decisiones más inteligentes de tu vida.

No lo dejes para después. El mercado no espera, pero tus sueños sí pueden cumplirse. Escríbeme hoy mismo, y construyamos tu futuro desde una base sólida, segura y llena de propósito. Tú tienes el sueño, yo tengo las herramientas para hacerlo realidad.

Pasos prácticos para iniciar tu inversión inmobiliaria con éxitoefine tu objetivo: Establece qué buscas: ¿un hogar, una inversión rentable o ambas? Visualiza el propósito detrás de esta decisión.

1. Consulta con un especialista: Contáctame para recibir una asesoría personalizada. Evaluaremos tus opciones, presupuesto y estrategias para alcanzar tu meta de forma inteligente.

2. Toma acción: Juntos analizaremos las mejores oportunidades del mercado y daremos los pasos necesarios para cerrar tu inversión con éxito y confianza.

- Contáctame ahora y hagamos que suceda.

claudia@trenova.com
+1 305 903 1922 whatsapp

Claudia Montenegro

Claudia Montenegro

Claudia Montenegro

Claudia Montenegro

Claudia Montenegro

Claudia Montenegro

Claudia Montenegro

Made in the USA
Columbia, SC
27 February 2025

54413944R00154